THÉATRE ROYAL DE L'ODÉON

LES DEUX IMPÉRATRICES

OU

UNE PETITE GUERRE

COMÉDIE EN TROIS ACTES, EN PROSE

Par Madame Ancelot

Représentée pour la première fois, à Paris, sur le Théâtre royal de l'Odéon
(second Théâtre français), le 4 novembre 1842,

PRIX : 60 CENTIMES.

PARIS

BECK, ÉDITEUR

Rue Saint-André-des-Arts, 21

TRESSE, successeur de J.-N. BARBA, Palais-Royal

—

1842

LES

DEUX IMPÉRATRICES,

OU

UNE PETITE GUERRE,

COMÉDIE EN TROIS ACTES, EN PROSE,

PAR MADAME ANCELOT,

Représentée pour la première fois, sur le théâtre royal de l'Odéon (second théâtre français), le 4 novembre 1842.

DISTRIBUTION :

LE PRINCE DE LIGNE......................... MM.	BOUCHET.
LE BARON WLADIMIR DE TIEFFENBACH.....	MILON.
LE COMTE DE STAREMBERG...................	CRÉCY.
LE COMTE GRÉGOIRE ORLOFF...............	CRETTE.
L'AMBASSADEUR DE FRANCE.................	AMELIN.
L'AMBASSADEUR DE PRUSSE.................	
MARIE-THÉRÈSE, IMPÉRATRICE D'ALLEMAG. Mme	DORVAL.
CATHERINE II, IMPÉRATRICE DE RUSSIE.....	PAYRE.
AMÉLIE DE ROSNY, jeune Française...........	MORALES.
Courtisans, pages, dames de la cour.	

L'action se passe à Vissegrade, en Hongrie.

ACTE I.

Le théâtre représente une vaste salle, au rez-de-chaussée, dans un vieux château de Hongrie : les parois sont ornées de boiseries sculptées. Porte au fond. Portes latérales. Une porte secrète à la gauche du spectateur. Une table sur le devant, du même côté.

SCÈNE I.

AMÉLIE, LE PRINCE DE LIGNE.

(*Au lever du rideau, Amélie est penchée devant la table, à droite de l'acteur. Elle a les yeux fixés sur une carte de géographie déployée : la table est chargée de livres et de papiers*).

AMÉLIE, *à elle-même.*

Ainsi, les Russes veulent encore passer le Danube? Déjà ils ont Kiow, Orsakow, Induldorock... (*riant.*) Ow, Kow, Rock!.. (*avec impatience.*) Jamais je n'apprendrai tous ces ow là!.. (*Le prince de Ligne est entré doucement par le fond, et l'a écoutée.*)

LE PRINCE DE LIGNE, *riant.*

Ah, ah, ah!..

AMÉLIE, *se retournant vivement.*

C'est vous, Prince?

LE PRINCE DE LIGNE, *souriant et moqueur.*

Qui admire une jeune et jolie Française, arrivée depuis peu de jours de la cour de Louis XV, étudiant des noms barbares dans un vieux château de Hongrie... et cela, dit-elle, pour plaire à notre auguste impératrice Marie-Thérèse!.. De plus, risquant...

AMÉLIE, *vivement.*

De voir tout-à-coup à ses côtés le prince de Ligne se moquant d'elle... ce qui est pire que tout le reste.

LE PRINCE.

Je ne me moque pas, mais je m'étonne!..

ce qui est plus rare !.. oui, je m'étonne de vous voir arriver à notre cour si sévère, pour...

AMÉLIE.

Retrouver quelques parents de ma mère, qui était Allemande, et prendre auprès de sa majesté Marie-Thérèse la place qu'elle a bien voulu m'accorder à la demande du comte de Staremberg, qui m'a ramenée avec lui, en revenant de son ambassade de France.

LE PRINCE.

C'est la raison que vous donnez !.. Mais la nièce de madame la maréchale de Mirepoix doit en avoir eu d'autres pour quitter la joyeuse cour de France... ce beau pays qui, s'il ne rend pas heureux, empêche qu'on ne le soit partout ailleurs.

AMÉLIE.

Les hommes d'esprit croient toujours qu'il y en a plus qu'on ne leur en dit.

LE PRINCE.

C'est que les femmes ne disent jamais tout ce qui est.

AMÉLIE.

Vous croyez, Prince ?.. mais, au lieu de me contrarier, vous devriez, en souvenir du temps où nous nous sommes connus à la cour de France, m'apprendre ce que je dois savoir de celle-ci.

LE PRINCE.

Volontiers !.. mais à la condition que vous me donnerez des nouvelles de Paris, où j'ai passé, il y a deux ans, l'hiver le plus délicieux de ma vie.

AMÉLIE.

Sans doute !... et je vous dirai d'abord que notre roi Louis XV ne songe toujours qu'au plaisir.

LE PRINCE.

Et je répondrai que notre auguste souveraine Marie-Thérèse ne songe qu'au travail, et qu'elle est devenue, depuis son veuvage, plus austère que jamais.

AMÉLIE.

Toute la cour imite avec joie notre Roi, en s'amusant.

LE PRINCE.

On s'ennuie parfois ici d'être obligé d'imiter notre reine.

AMÉLIE.

En France, le peuple commence à faire comme les grands... à se moquer de tout.

LE PRINCE.

Ici, il ne se mêle de rien.

AMÉLIE.

Les auteurs continuent d'écrire contre la cour et contre la noblesse.

LE PRINCE, *souriant.*

Le Roi n'a qu'à les anoblir et à les inviter.

AMÉLIE.

Voltaire tient toujours sa cour à Ferney.

LE PRINCE.

Et la puissance de ses idées le fait régner sur toute l'Europe.

AMÉLIE, *souriant.*

Mais sans détrôner les rois.

LE PRINCE.

Ce n'est pas sûr !

AMÉLIE.

Ce grand écrivain a mis en vogue les mots d'indépendance et de liberté.

LE PRINCE.

Ce sera la seule mode de Paris qu'on vous priera de ne pas expédier pour ce pays-ci.

AMÉLIE.

Mais, s'il faut tout dire, là-bas les plaisirs font trop oublier la gloire.

LE PRINCE.

Ici, nous espérons qu'elle ne nous oublie pas.

AMÉLIE.

Et l'amour seul règne en maître avec la marquise de Pompadour.

LE PRINCE.

L'amour est un souverain que n'a jamais reconnu Marie-Thérèse.

AMÉLIE.

C'est peut-être effrayant.

LE PRINCE, *souriant.*

Vous croyez ?.. Marie-Thérèse fut entourée d'ennemis dès son enfance ; l'état de guerre fut l'état habituel de son règne, et le repos fut une exception. Nous sommes en ce moment dans l'exception. La paix semble assurée, autant qu'elle peut l'être, quand on a pour voisins, d'un côté le grand Frédéric, de l'autre Catherine-la-Grande !.. Mais Marie-Thérèse a pensé que le meilleur moyen de se défaire d'ennemis aussi dangereux est d'en faire des amis.

AMÉLIE.

Et ils se sont tous réunis ici, à Vissegrade, sur la frontière de Hongrie, pour s'entendre sur les affaires de Turquie et de Pologne.

LE PRINCE.

L'auguste Marie-Thérèse d'Autriche, impératrice d'Allemagne, reine de Hongrie et de Bohême, au lieu d'être à Vienne, est à Vissegrade ; la Grande Catherine, autocrate de toutes les Russies, au lieu d'être à Pétersbourg, est à Vissegrade ; un ambassadeur doit y représenter, s'il est possible, le grand Frédéric ; puis tout ce qui suit les cours s'y trouve avec eux. Jugez quelles intrigues, grandes et petites, il doit y avoir dans une ville où se rencontrent deux jolies femmes qui sont en même temps deux illustres reines, rivales de beauté, rivales de puissance, qui peuvent se disputer des hommages et des provinces, et qui ont avec elles bon nombre d'hommes d'État qui se trompent, qu'on trompe, et qui en trompent d'autres !... Oh ! nous aurons ici une petite guerre de finesses et de malices, moins meurtrière, mais plus dangereuse que l'autre ; et ceux qui en sortiront sains et saufs, auront eu certainement autant d'adresse que de bonheur.

AMÉLIE.

Marie-Thérèse est d'une vertu !...

LE PRINCE.

Qui, ne soupçonnant pas même l'artifice, pourrait en être victime !.. Ah ! Catherine ne pardonne pas à Marie-Thérèse cette vertu respectée de tous, seule supériorité qu'elle ne peut lui disputer, et qu'elle voudrait bien lui voir perdre! J'ai déjà surpris plus d'une ruse pour compromettre, aux yeux des ambassadeurs étrangers, cette réputation de vertu qui leur impose dans notre reine, et les entraîne à son avis dans les délibérations : mais je veille pour deviner et dérouter ses projets, et j'ai parfois le plaisir de faire en même temps une bonne action et une malice.

AMÉLIE, *avec un peu d'inquiétude.*

Mais Marie-Thérèse serait-elle sans pitié pour les faiblesses qui lui sont inconnues?

LE PRINCE, *souriant et la regardant avec une attention qui l'embarrasse.*

Est-ce qu'on voudrait mettre son indulgence à l'épreuve?

AMÉLIE, *allant à la porte du fond.*

Quel bruit?.. qu'arrive-t-il?

LE PRINCE.

Quand on adresse à une femme une question qui l'embarrasse, elle trouve tout de suite quelque chose qui la dispense d'y répondre.

AMÉLIE, *près de la porte du fond.*

Écoutez donc!

LE PRINCE.

Quel tumulte, en effet!

AMÉLIE.

Un accident, je crois?

LE PRINCE, *allant vivement à la porte du fond.*

Ciel!.. ce n'est pas à la Reine, j'espère?..

AMÉLIE, *regardant en dehors.*

Un jeune homme qu'on entraîne... (*Reculant et à part.*) C'est lui! (*Au moment où le prince va sortir, beaucoup de personnes, gardes, officiers, pages, etc., entrent vivement.*)

SCÈNE II.

AMÉLIE, LE COMTE DE STAREMBERG, LE PRINCE DE LIGNE, L'AMBASSADEUR DE FRANCE, *puis* MARIE-THÉRÈSE *et* L'AMBASSADEUR DE PRUSSE.

LE PRINCE.

Eh bien, comte de Staremberg?

LE COMTE.

Ce n'est rien!.. Il est arrêté, et Sa Majesté n'a pas eu la moindre frayeur.

LE PRINCE.

Arrêté?.. Qui?

LE COMTE.

Un fou, je pense!.. Voilà monsieur l'Ambassadeur de France qui l'a vu comme moi.

L'AMBASSADEUR DE FRANCE.

Un assassin, peut-être?

AMÉLIE, *étourdiment.*

Lui?.. Par exemple!

LE PRINCE, *étonné.*

Que dites-vous?

L'AMBASSADEUR DE FRANCE.

Mais voici Sa Majesté et l'ambassadeur de Prusse.

MARIE-THÉRÈSE *, entrant très-calme et très-gracieuse.*

Remettez-vous, Messieurs!.. Ce n'est rien!.. Un jeune homme, effrayé sans doute, s'est étourdiment précipité sur les chevaux de mon carrosse; il ne peut avoir eu aucun mauvais dessein, et ce serait un funeste sort que celui d'un souverain, si le plus léger accident donnait lieu à de sinistres conjectures.

LE COMTE.

Votre Majesté impériale s'expose trop!.... Une voiture sans escorte... quand elle ne fait pas pis que cela, en se mêlant à la foule, où, pressée, coudoyée par le peuple...

MARIE-THÉRÈSE, *souriant.*

Ah! je sais, Messieurs, que votre fierté se révolte un peu, en voyant vos inférieurs bien reçus et bien traités par moi!.... Mais si je ne voulais aussi ne m'approcher que de mes égaux, il faudrait passer ma vie dans les caveaux où dorment les rois, mes prédécesseurs!.. N'est-il pas nécessaire que chacun puisse se plaindre à moi, s'il a besoin d'obtenir justice? Quel spectacle vient d'affliger mes regards!... Des pauvres, couverts de haillons, et mourant de faim!.. Ah! que, dès demain, ils viennent eux-mêmes m'adresser leurs demandes!.. Je leur donnerai audience à cinq heures du matin!.. Je me reprocherais le temps que je perdrais au sommeil.... Ce serait autant d'ajouté à leur malheur.

LE PRINCE.

Et vous vous étonnez qu'on s'inquiète des dangers qui menaceraient une vie si noble et si précieuse!

LE COMTE.

De grands motifs ont pu seuls pousser ce jeune homme à chercher une mort presque certaine sous les pieds des chevaux, les roues du carrosse, ou l'épée de vos serviteurs.

AMÉLIE.

Pâle... et presque sans connaissance...

LE COMTE.

Son effroi décèle son crime!.. Sa figure affreuse, brune, féroce...

AMÉLIE.

Que dites-vous?.. Il est blond et beau.

LE COMTE.

Beau?.. Une stature effrayante!

L'AMBASSADEUR DE PRUSSE.

Il m'a semblé petit.

MARIE-THÉRÈSE.

Et à moi, de taille moyenne!.. Nous l'avons tous vu pourtant!.. (*Riant.*) Ah! si c'est ainsi qu'on écrit l'histoire?..

LE COMTE.

Ce qu'il y a de sûr, c'est son mauvais dessein, et son arrestation!.. Enfermé dans la salle voisine, dont l'issue est gardée par des soldats, bientôt nous l'interrogerons, et nous le

* Amélie, Marie-Thérèse (*assise*), le prince de Ligne, le comte de Staremberg, l'ambassadeur de Prusse, l'ambassadeur de France.

contraindrons à dévoiler le complot et à nom-
mer les complices.

AMÉLIE, *vivement.*

Mon Dieu, il n'y a ni l'un, ni l'autre.

LE COMTE.

Comment le savez-vous ?

AMÉLIE.

Moi, je ne sais rien !.. si ce n'est qu'un jour
Elisabeth, reine d'Angleterre, passant dans une
rue de Londres, vit un jeune homme s'élancer
ainsi au péril de sa vie ; et sa voix arrêta les
bras qui allaient l'immoler ! Bien plus, cet imprudent, n'ayant jamais voulu avouer ni son
nom, ni la cause de sa téméraire action, fut
condamné par les juges, mais Elisabeth lui fit
grace.

MARIE-THÉRÈSE.

C'était une grande reine qu'Elisabeth !....
Pourquoi la mort de Marie Stuart a-t-elle terni
l'éclat de son règne ?

LE PRINCE.

C'est qu'il n'y a qu'une seule reine qui n'eut
jamais ni crime, ni faiblesse à se reprocher...
et c'est l'auguste Marie-Thérèse !

L'AMBASSADEUR DE PRUSSE.

Aussi, mon souverain, le grand Frédéric,
vainqueur par ses soldats, vaincu par son admiration pour Votre Majesté Impériale, dépose
les armes, et demande une place dans votre amitié.

MARIE-THÉRÈSE, *souriant.*

Je la lui accorde plus volontiers que celle
qu'il voulait prendre dans mes États.

L'AMBASSADEUR DE PRUSSE.

Son intention est donc d'appuyer, dans le traité qui va se conclure, l'avis de Votre Majesté,
persuadé que la justice se place naturellement
à côté de la vertu.

L'AMBASSADEUR DE FRANCE.

Telles sont aussi mes instructions !.. « Allez,
» m'a dit notre souverain, Louis XV, et s'il est
» vrai qu'une sagesse aussi pure ait su se main-
» tenir sur un trône, qu'elle décide seule des
» intérêts que je remets entre ses mains. »

MARIE-THÉRÈSE, *avec un peu d'exaltation.*

Ah ! je remercie le ciel, Messieurs !.. Car, il
y a quelques années, les rois, qui m'offrent en
ce jour leur appui et leur amitié, se partageaient
entre eux mon royaume, et mes pauvres sujets
allaient subir les maux affreux d'une domina-
tion étrangère !.. Un pays dévasté, une pauvre
jeune femme, voilà tout ce qui s'opposait à l'Europe entière !.. Mais un peuple ne périt pas,
même devant le nombre, tant qu'il lui reste
cette force qui vient de l'ame !.. Les uns sacri-
fièrent leurs biens ; d'autres, leur vie ; moi, ma
jeunesse, mes goûts, mon luxe et mes plaisirs
de femme et de reine !... Nous ne fûmes plus
que des frères défendant tous leur patrie !...
Et notre pays fut sauvé !

LE COMTE.

Aussi, nous disions tous du fond du cœur :
vive notre Roi, Marie-Thérèse !

MARIE-THÉRÈSE.

Et, maintenant, je dois assurer une paix durable, en arrêtant, s'il est possible, les projets
d'envahissement de la Russie. Catherine veut
conquérir la Turquie, et s'emparer en même
temps de la Pologne... Qu'il n'en soit pas ainsi,
Messieurs ! Nous devons tous nous y opposer.

L'AMBASSADEUR DE PRUSSE.

Certainement.

L'AMBASSADEUR DE FRANCE.

C'est notre volonté, et l'intérêt de toute l'Europe.

MARIE-THÉRÈSE.

Voilà pourquoi j'ai voulu m'entendre moi-
même avec Catherine !... Et, maintenant que
je vais avoir affaire à son esprit habile, à son
génie...

LE COMTE, *à part.*

Accoutumé aux intrigues de tout genre.

MARIE-THÉRÈSE, *souriant.*

J'ai compté un peu, je l'avoue, sur les conseils du prince de Ligne, sur la finesse de son
esprit, et sur l'expérience qu'il a déjà acquise,
dit-on, dans les cours et près des femmes.

LE PRINCE.

Deux puissances que j'ai toujours reconnues,
servies et adorées, sans les comprendre jamais.

MARIE-THÉRÈSE.

Comment donc les devinerais-je, moi ?

LE PRINCE.

Le génie devine tout.

LE COMTE.

Mais la vertu ne saurait deviner certains
torts, certaines faiblesses !... Il est vrai qu'on
ne prend pas même le soin de les cacher ! Ainsi,
toujours ce comte Grégoire Orloff est à côté de
Catherine... Son luxe, son insolence... même
avec elle, dit-on... (*Un regard et un geste de
Marie-Thérèse l'arrêtent ; il répond plus doucement.*) Ah ! une femme comme l'impératrice
Catherine, est vraiment !...

MARIE-THÉRÈSE, *l'interrompant avec dignité.*

Un si grand homme, comte... qu'il y a bien
un peu de curiosité dans mon désir de traiter
avec elle des intérêts qui nous occupent, et dans
mon empressement à accepter l'entrevue particulière qu'elle m'a proposée pour ce matin...
sans cérémonie, et sans étiquette.

LE PRINCE.

Il n'y a rien de plus dangereux que la sim-
plicité des gens d'esprit ; elle cache presque toujours quelque finesse.

LE COMTE.

Catherine aime trop à se soustraire à ce qu'impose l'étiquette, à s'amuser.

MARIE-THÉRÈSE, *souriant.*

Et si les souverains s'amusent, que restera-
t-il aux sujets, n'est-ce pas ?

AMÉLIE, *riant.*

C'est vrai !

MARIE-THÉRÈSE.

Ne peut-elle point, sans encourir le blâme,
donner quelques heures à des plaisirs ?

LE PRINCE.

Qui ne lui font point oublier ses intérêts!...
Oh! elle ne permettrait pas plus à un souverain de nuire à sa puissance, qu'à une femme
de nuire à sa beauté!... Elle est jalouse de
l'une comme de l'autre : il y a dans Catherine
de la Parisienne et du Tartare, et j'ai peur
qu'elle n'en veuille doublement à Marie-Thérèse.

MARIE-THÉRÈSE, *très-gracieuse.*

Ah ! Prince, vos conseils ressemblent à des
flatteries! Ma jeune Française Amélie de Rosny
me servira aussi dans cette occasion.

LE COMTE.

Votre Majesté trouvera donc que j'ai eu raison de l'amener près d'elle ?

MARIE-THÉRÈSE.

Je le pense depuis que je la connais. (*Amélie
s'est approchée, et a baisé la main de la reine.*)
Seulement, je m'effrayais des habitudes graves
et sévères de notre cour !... Sa mère, la com-
tesse de Friedland, avait épousé un Français
qui ne put jamais s'acclimater parmi nous; il
en a été de même de tous les mariages faits
ainsi; ils ont amené l'ennui d'un côté, le cha-
grin de l'autre, et les regrets pour tous deux.

LE COMTE.

Est-il possible?

AMÉLIE , *à part, souriant.*

Le pauvre comte est tout troublé !

LE PRINCE, *les regardant tous deux.*

(*A part.*) Je ne m'étais pas trompé... La sagesse allemande a échoué devant la coquetterie
française.

MARIE-THÉRÈSE.

Voilà pourquoi j'ai défendu ces mariages-
là !... Quand la gaieté d'Amélie s'ennuiera
de notre sérieux, elle retournera chercher les
plaisirs de Versailles.
(*Le comte fait un mouvement; le prince sourit.*)

AMÉLIE, *souriant avec malice.*

Nous verrons cela.

MARIE-THÉRÈSE.

Mais ces plaisirs, aimés de Catherine, je ne
veux pas les blâmer aujourd'hui !...Accordons
quelque chose à ses idées, pour qu'elle accorde
aussi quelque chose à des projets d'où dépend
le bonheur de nos peuples. Messieurs, vous
m'appuierez au conseil... Et, en attendant,
j'essaierai de disposer Catherine à maintenir la
paix. Dans deux heures aura lieu la confé-
rence, je vous y retrouverai. (*Sur un geste, on
se disperse.*) Amélie, restez.
(*Tout le monde sort, excepté Amélie et la reine.*)

SCÈNE III.

MARIE-THÉRÈSE, AMÉLIE.

AMÉLIE.

Encore étrangère aux usages de cette cour,
et élevée dans la liberté pleine de franchise et
de gaieté qui règne en ce moment à la cour de
France , je ne sais si je dois oser tout dire ?

MARIE-THÉRÈSE.

Quoi donc! Amélie, ne m'avez-vous pas com-
prise ?... Dès votre arrivée, votre air franc et
joyeux m'a plu comme un contraste, et je
veux placer avec vous près de moi la vérité
qu'on me cache parfois , la gaieté que j'effraie
souvent, et l'affection dont j'ai besoin toujours.

AMÉLIE.

Quel est mon bonheur !... Aussi ma reconnaissance me rend la vie de Votre Majesté plus
chère que la mienne ; et, sans partager les
craintes sinistres du comte de Staremberg, je
n'ai pu me défendre de quelque inquiétude à
la vue de ce jeune homme arrêté tout-à-l'heure...
Car je l'avais déjà remarqué suivant les pas
de Votre Majesté, et attachant sur elle de sin-
guliers regards.

MARIE-THÉRÈSE.

Quand donc ?

AMÉLIE.

A Vienne, dans l'église de Saint-Étienne, la
veille du départ ; ensuite, à la promenade depuis quelques jours, chaque fois que j'ai ac-
compagné Votre Majesté, j'ai revu ces mêmes
regards la poursuivre... Mais c'est à elle seule
que je voulais le dire.

MARIE-THÉRÈSE.

Et vous avez bien fait, Amélie!... La curiosité amène souvent ainsi sur nos pas des gens
qui sont éblouis par le prestige de la grandeur
et de la puissance !... Ah ! que ne la voient-ils
de près !... Mais que savez-vous encore de ce
jeune homme, Amélie ?

AMÉLIE.

Ce matin , j'étais seule dans la forêt , à la
place où plusieurs fois je l'avais remarqué : les
arbres portaient le nom de Votre Majesté gravé
récemment sur leur écorce, et je trouvai ce papier, où des vers... en votre honneur... qui
expriment des sentiments...

MARIE-THÉRÈSE. (*Elle a pris le papier, l'a parcouru , puis le serre.*)

Un fou !... Mais ne parlez pas de tout ceci !...
On y verrait peut-être des projets... de la pré-
méditation... Et l'on est si prompt à trouver
des criminels, si ardent à les condamner !...

AMÉLIE.

Votre Majesté semble inquiète et troublée ?

MARIE-THÉRÈSE.

Je ne le dis qu'à vous, Amélie... Pour la
première fois je me sens agitée sans savoir
pourquoi... La vue de Catherine, ce qu'on dit
d'elle, de ses goûts, de ses plaisirs, en est peut-
être la cause.

AMÉLIE.

Jeune, belle, maîtresse d'un grand Empire,
Catherine a voulu, dit-on, d'autres plaisirs que
ceux de la puissance.

MARIE-THÉRÈSE.

Ah ! c'est le sort des souverains d'être ca-
lomniés, et celui des femmes d'être soupçonnées.

AMÉLIE.

Votre Majesté est aussi jeune, belle et reine !... Pourtant jamais un soupçon...

MARIE-THÉRÈSE, *vivement.*

Mais tout l'éclat des fêtes, je l'ai banni de ma
cour !... Mais tout le charme des plaisirs, je l'ai
repoussé !... Mais ces grâces de la parure, qui
ajoutent à la beauté, je les ai méprisées !....
Tous ces sacrifices, je les ai crus nécessaires !...
Et cependant, Catherine règne ; son empire est
immense ; elle a su l'augmenter encore ; vingt
peuples lui obéissent ; l'Europe la craint ; le
monde l'admire... Et les fêtes, le luxe, les plaisirs la suivent en tous lieux !

AMÉLIE.

Et des sentiments.... plus doux encore....
des sentiments... d'amour, dit-on... rendent
sa vie aussi heureuse que brillante.

MARIE-THÉRÈSE.

Ah ! ne dites pas cela..... Ne le dites pas,
Amélie... Ces idées ne doivent pas venir...
Non, non... c'est trop s'en occuper... Laissez-
moi... Je veux penser aux graves intérêts que
je vais discuter avec l'impératrice de Russie...
Allez, et tenez-vous dans la pièce voisine...
J'ai besoin de réfléchir !... Et vous—même,
croyez—moi, ne pensez plus ni à Catherine, ni
à ses plaisirs.

(*Amélie sort par une porte latérale.*)

SCÈNE IV.

MARIE-THÉRÈSE, *seule et pensive.*

Ainsi, Catherine sait son cœur, ses pen-
chants... et sa gloire n'est pas altérée !.. (*Elle
passe la main sur son front comme pour chasser
une idée ; puis elle regarde autour d'elle.*) Cette
salle est sombre... Ces vieilles boiseries sont
tristes... et je suis seule ici !... Oui... seule...
toujours !... J'ai des sujets, des courtisans...
mais des amis ?... un cœur dévoué ?... Est—ce
que les rois en ont ?... Qu'entends-je ?... Du
bruit, là ?... (*Elle va vers le mur opposé au
côté par où Amélie est sortie.*) Il semblerait
qu'on cherche à ouvrir ?.. Ces vieux palais for-
tifiés, bâtis dans des temps de guerre, ont souvent des issues secrètes... (*Elle examine*) Oui. .
une porte mystérieuse... Elle s'ouvre... (*Elle
recule et dit vivement.*) Qui vient ici ?

SCÈNE V.

MARIE-THÉRÈSE, WLADIMIR.

(*Il entre par une porte secrète qui se referme
sur lui. Il est en costume hongrois très-élé-
gant ; il jette un rapide regard autour de lui,
voit que la reine est seule : alors il tombe à
genoux près de la porte et loin d'elle ; il montre qu'il n'a pas d'arme, qu'il est suppliant ;
mais il ne dit rien.*)

MARIE-THÉRÈSE.

C'est lui !.. C'est ce jeune homme arrêté tout-
à-l'heure !.... Il cherchait sans doute à s'échap-
per de la salle voisine.

WLADIMIR, *toujours à genoux, les mains jointes,
avec passion.*

Ah, je ne mourrai donc pas sans l'avoir
revue !

MARIE-THÉRÈSE.

Quel projet insensé et coupable, ou quel désir
ambitieux vous attache ainsi aux pas de la
reine ?

WLADIMIR, *se relevant, mais se tenant loin
d'elle.*

Je ne suis point insensé !... Je ne formai
nul dessein coupable... et je n'ai rien à demander à la reine.

MARIE-THÉRÈSE.

On ne met pas ainsi sa vie en danger sans
motif.

WLADIMIR.

Ma vie n'eut qu'une seule pensée, et appartient tout entière à celle qui l'inspire.

MARIE-THÉRÈSE.

Qui êtes-vous ? Votre nom ?

WLADIMIR.

Je suis un malheureux qu'on accuse, qui sera
peut-être condamné, et qui veut, en ce cas, em-
porter tous ses secrets dans la tombe.

MARIE-THÉRÈSE.

Si j'appelais ?

WLADIMIR.

Les fers..... la torture..... la mort, sans
doute...

MARIE-THÉRÈSE.

Oh !... Mais on apprendrait alors ce qui vous
conduit.

WLADIMIR.

On n'apprendrait rien.

MARIE-THÉRÈSE.

Vous pensez que, comme la reine d'Angleterre Elisabeth, en pareille occasion, je par-
donnerais sans rien savoir ?

WLADIMIR.

Elisabeth ?... Elle avait entendu Edgard
Walton.

MARIE-THÉRÈSE.

Ah !... Et que lui avait-il dit ?

WLADIMIR.

La vérité.

MARIE-THÉRÈSE.

Quelque secret d'Etat peut-être ?

WLADIMIR.

Edgard Walton n'était qu'un pauvre baron-
net du comté de Northumberland, où il avait
toujours vécu. Il ignorait les intrigues de la
politique, les disputes des grands et les avan-
tages comme les dangers de la puissance.

MARIE-THÉRÈSE.

Qui l'amenait donc près de la reine ?

WLADIMIR.

Un secret entre le ciel et lui... mais que la
reine voulut savoir.

MARIE-THÉRÈSE.

Et ce secret était ?...

WLADIMIR.

Toute sa vie !... car, depuis l'enfance, Edgard Walton n'avait jamais eu qu'une seule
pensée... qu'une passion !... Il en avait vécu,
s'était formé et développé sous l'ardeur de cette

idée puissante, comme l'arbre sous les rayons brûlants du soleil... et cette passion c'était son amour... (*se reprenant*) son dévouement à sa souveraine, à l'auguste... Elisabeth!...

MARIE-THÉRÈSE.

Comment

WLADIMIR.

Quand Edgard, cher enfant adoré de ses parents, avait pu balbutier un nom, celui de la reine lui avait été appris le premier, avec le nom de sa mère!... Quand Edgard commençait à prier, il avait mêlé, au pied de l'autel, le nom de la reine au nom de sa mère! Quand Edgard livra ses jeunes années à l'étude, la couronne qu'il dut à ses succès lui fut donnée au nom de la reine, et il la reçut en pleurant de joie, dans les bras de sa mère!... Ces deux noms, unis dans son ame, lui avaient inspiré un seul culte d'admiration, de reconnaissance et d'amour, et chaque jour il bénissait le ciel qui l'avait fait naître sous le règne glorieux de Mar.....

(*Pendant cette tirade, il s'est un peu rapproché de Marie-Thérèse; il parle avec passion. On voit que, sous le nom de Walton, ce sont ses propres sentiments qu'il exprime.*)

MARIE-THÉSÈSE, *faisant un mouvement et lui lançant un regard.*

Ah!...

WLADIMIR, *se reprenant avec un peu d'embarras.*

D'Elisabeth!... Oui, sous le règne glorieux d'Elisabeth! Ah! que Votre Majesté ne s'étonne pas!... Les chevaliers de tous les pays ne sont-ils pas élevés dans le dévouement et l'amour pour leur roi?... Et quand les vertus et la beauté d'une jeune princesse font rejaillir sur le trône leur éclat éblouissant, est-il étonnant que le cœur d'un jeune homme, se développant sous cette exaltation d'enfance, s'éveillant aux vagues désirs de sentiments inconnus, confonde, sans le vouloir, et même sans le savoir, l'amour pour la reine et l'amour pour la femme?

MARIE-THÉRÈSE, *reculant étonnée.*

Que dites-vous?... De tels sentiments sont possibles? Elisabeth en entendit l'aveu?... Et ce jeune homme...

WLADIMIR, *continuant plus calme.*

Edgard Walton?... Il avait alors vingt ans, et il était à Londres... depuis la mort de sa mère!... Car, de ses deux nobles amours, il devait pour jamais invoquer l'un dans le ciel, et pour toujours regretter l'autre sur la terre.

MARIE-THÉRÈSE, *avec trouble et embarras.*

En effet, tant de respect devait la rassurer!... Comment se fâcher contre celui qui regrette et n'a pas même l'idée d'espérer?... Mais elle écouta donc ce récit?

WLADIMIR.

Ne devait-il pas lui apprendre comment, un jour que les promenades rêveuses d'Edgard l'avaient éloigné de sa demeure, et qu'au milieu même de la foule il livrait toute son ame à une

seule et unique pensée, il fut tiré de sa rêverie par un bruit confus et un mouvement qui se pressait autour de lui. Que devint-il en levant les yeux, quand il la vit, elle, l'objet de ses rêves?... Cette pensée, toujours présente, elle était là!... Non plus comme toujours créée et reproduite par son imagination... mais c'était elle-même!... gracieuse et divine!... qui laissait tomber jusque sur lui un de ces regards si nobles et si doux qui soumettent les peuples et les rendent heureux!... Ah, pouvait-il alors voir la foule empressée, les gardes, les obstacles, la mort? La femme qu'il adorait était là!... Il s'élança... lui tendit les bras!... C'était du délire... de la folie!... La raison, la vie même l'avaient quitté!... Et, quand il revint à lui, on l'entraînait, sans force, loin de celle qu'il aime plus que sa vie!... (*Moment de silence.*) Voilà ce qu'Edgard Walton avait osé dire à la reine Elisabeth, lorsqu'elle daigna l'écouter sans témoin!

UN CHAMBELLAN, *ouvrant la porte du fond, et annonçant.*

Sa Majesté l'impératrice de Russie. (*Il disparaît.*)

MARIE-THÉRÈSE, *reculant d'un côté.*

(*A elle-même.*) Seule avec cet inconnu!

(*Au moment où la porte du fond s'est ouverte, Wladimir s'est élancé vers la boiserie par où il est entré, mais la porte secrète s'est refermée; il ne peut l'ouvrir.*)

WLADIMIR *avec douleur.*

Aucun moyen de rentrer-là!

MARIE-THÉRÈSE, *près de la porte latérale par où Amélie est sortie.*

(*Appelant*) Amélie!... Wladimir va vivement s'asseoir à la table qui est au fond sur l'un des côtés; il prend une plume, se penche sur le papier de manière à ce qu'on ne puisse voir son visage.)

WLADIMIR, *vivement à la reine.*

Un secrétaire écrit sous la dictée de Votre Majesté impériale.

<hr>

SCÈNE VI.

WLADIMIR (*assis*), MARIE – THÉRÈSE, CATHERINE (*entrant par le fond*), AMÉLIE (*entrant par la porte latérale*).

(*Wladimir écrit, le nez sur le papier : la table étant contre le mur, il tourne le dos à ceux qui entrent du fond, et le spectateur le voit de profil.*)

MARIE-THÉRÈSE, *allant au-devant de Catherine.*

Pardon pour le simple séjour où je reçois si brillante visite!.. Mais, qui oserait espérer recevoir comme elle le mérite l'impératrice Catherine?

CATHERINE, *souriant.*

Ah! ne nous trompons pas! Ce n'est point

une impératrice, mais une amie qui entre ici.

MARIE-THÉRÈSE, *très-gracieuse.*

Il sera plus facile de recevoir ainsi Votre Majesté impériale.

CATHERINE, *souriant.*

Il n'y a pas non plus ici de majesté... Si vous daignez y consentir.

MARIE-THÉRÈSE, *très-gracieuse.*

Est-ce qu'on résiste à la puissance de Catherine ?

CATHERINE.

Ou aux vertus de Marie-Thérèse ?

AMÉLIE, *à part, un peu en arrière des deux reines.*

Les combattants sont en présence... Voici le salut des armes ! (*Elle avance deux grands fauteuils ; elles s'assoient ; Amélie reste debout ; Marie-Thérèse lui a fait signe de se tenir près d'elle *.)

MARIE-THÉRÈSE, *à part, en s'asseyant, après avoir examiné Catherine.*

Comme elle est belle et brillante !

CATHERINE, *de même.*

Comme elle est simple et jolie !

AMÉLIE, *à part.*

Un coup d'œil sur les forces de chacun ! Ce qu'on appelle une reconnaissance.

MARIE-THÉRÈSE.

Avoir banni la splendeur et l'étiquette de nos entrevues, est un acte de générosité... L'éclat qui entoure d'ordinaire l'impéra...

CATHERINE, *l'interrompant.*

Encore !.. N'oubliez donc pas qu'il n'y a ici que deux femmes, et point de reines !..

MARIE-THÉRÈSE, *jetant un coup d'œil involontaire sur Wladimir.*

(*A part.*) S'il sort, on l'arrête.

CATHERINE, *qui a suivi son regard.*

Un secrétaire ?.. Qu'importe ?.. Il peut demeurer. (*Regardant Amélie.*) N'est-ce pas une jeune française ?

MARIE-THÉRÈSE.

Venue depuis peu de Paris.

CATHERINE.

Ah ! qu'elle reste !.. Paris !.. Versailles !.. Tant d'intérêt s'attache pour nous à ce qui vient de là !.. Ne vous est-il pas arrivé quelquefois ce qui m'arrive souvent à moi ?.. De penser à la France au moment d'une grande entreprise, et de me rappeler le mot d'Alexandre : Que diront de cela les Athéniens ?

MARIE-THÉRÈSE.

Avant tout, moi, je consulte le ciel et ma conscience.

CATHERINE, *à part.*

La dévote !

MARIE-THÉRÈSE, *à part.*

Une reine ne peut avoir eu tous les torts dont on l'accuse.

* Wladimir (assis). Marie-Thérèse, Catherine (assise), Amélie.

CATHERINE, *à part.*

Une femme ne peut avoir toute l'austérité qu'on lui prête !

AMÉLIE, *à part.*

Il y a incertitude et hésitation de chaque côté.

MARIE-THÉRÈSE.

J'ai appris, bien jeune, ce que c'est que de dangereuses inimitiés... Qu'il me soit permis d'apprendre aujourd'hui ce que c'est que d'illustres amitiés. (*Elle tend la main à Catherine, qui la prend affectueusement.*)

CATHERINE.

Le même vœu m'a conduite ici !... Parlons donc franchement.

MARIE-THÉRÈSE.

Comme deux sœurs.

CATHERINE.

Comme deux amies ; avec une entière confiance.

MARIE-THÉRÈSE.

Une confiance sans réserve (*A part.*) Prenons bien garde à nous !

CATHERINE, *à part.*

Défions-nous de ses paroles.

AMÉLIE, *à part.*

Le combat va s'engager.

CATHERINE, *d'un ton affectueux.*

L'intérêt, plus que la curiosité, me fait souhaiter d'apprendre de vous tout ce qui touche ma sœur Marie-Thérèse.

MARIE-THÉRÈSE.

Ah ! je n'ai rien à cacher !... Je vous dirai tout !... Dès mon enfance, attaquée par de nombreux ennemis, je n'eus de ressources que la fidélité de mes Hongrois et leur courage.

CATHERINE, *souriant.*

Oh !... ce n'est pas cela que je désire savoir !... La vie de l'impératrice d'Autriche m'est connue ; je ne puis rien entendre de nouveau sur les actions de la reine, mais j'ai tout à apprendre sur les pensées de la femme !

MARIE-THÉRÈSE, *avec étonnement.*

Mes pensées ! Je vous les dis par mes actions !... Prier le ciel d'apaiser ces guerres désastreuses et ces haines désolantes ; le remercier des jours paisibles ; chercher à rendre les lois meilleures ; fonder des églises, des collèges...

CATHERINE, *souriant.*

C'est encore la vie publique d'une souveraine !... Mais les plaisirs, et les affections intimes du cœur ?..

MARIE-THÉRÈSE.

Unie par des intérêts politiques à François, duc de Lorraine, je le respectai comme un époux, et je le pleurai comme un ami, quand le ciel me retira cet objet de mes affections. Laisser à ses enfants de vertueux exemples, est à présent le plus cher de mes plaisirs.

CATHERINE, *à part.*

Voudrait-elle m'humilier par sa vertu ?

MARIE-THÉRÈSE, *à part.*

Oserait-elle me supposer des torts ?

AMÉLIE , *à part.*

L'une est si vertueuse, et l'autre si légère, qu'elles sont ennemies naturelles.... et je tremble.

MARIE-THÉRÈSE, *très-gracieuse.*

Maintenant, toute aux intérêts des peuples que je gouverne, je crois que mon devoir m'ordonne de protéger mes frères de Pologne, qu'une même foi religieuse...

CATHERINE, *avec une bonhomie moqueuse.*

C'est comme moi ?. . Ma religion m'ordonne aussi de lutter contre ces Turcs, indignes mécréants !..... Je crois même qu'elle va jusqu'à me contraindre à les chasser de l'Europe ?... Oh ! tout cela seulement en l'honneur de la religion !.. Mais ces questions seront traitées au conseil, et il ne doit s'agir ici, entre nous, que d'amitié !... (*Elle la regarde avec attention.*) Vous êtes jolie, Marie-Thérèse.

MARIE-THÉRÈSE.

Vous êtes belle, Catherine !.... et votre époux devait vous le dire.

CATHERINE, *riant.*

Oh ! mon époux, dans nos heures de tête à tête, m'apprenait à faire l'exercice.

MARIE-THÉRÈSE.

Si j'osais, j'interrogerais aussi Catherine.

CATHERINE.

Moi, depuis mon veuvage, j'ai relevé la puissance fondée par Pierre-le-Grand, et qui s'affaiblissait déjà dans des mains inhabiles ; j'ai bâti des villes nombreuses, agrandi mes Etats...

MARIE-THÉRÈSE, *l'interrompant en souriant.*

Ah ! vous aussi ne parlez qu'en impératrice.

CATHERINE.

Votre austérité m'effraie, et j'ai peur de ce que j'admire, votre vertu....

MARIE-THÉRÈSE.

Moi je n'ai pas craint ce que je devais redouter... votre génie !

CATHERINE.

Demandons d'abord à cette jeune Française quelle est l'existence d'une femme à la cour de Louis XV, et ce qui occupe sa vie.

AMÉLIE.

Plaire sans cesse, aimer quelquefois, s'amuser toujours.

CATHERINE , *riant.*

Eh bien ! l'occupation de ces femmes oisives est la distraction d'une femme occupée !.... Voilà tout.

MARIE-THÉRÈSE.

Ah !...

CATHERINE.

Vous savez les plaisirs d'une vie dissipée et brillante !

MARIE-THÉRÈSE.

Non !... Je ne les connais pas.

CATHERINE , *souriant , et avec un peu d'hésitation.*

Et le bonheur d'être aimée, d'inspirer des sentiments passionnés ?

MARIE-THÉRÈSE.

Le travail a préservé mon ame de ces troubles et de ces désirs sans but qui conduisent aux erreurs des passions. Occupée du bonheur des autres, je n'ai pas eu le temps de rêver à ce qui pouvait manquer au mien.

CATHERINE.

Pourtant, que de vœux secrets, de dévoucments inconnus une femme jeune et belle n'inspire-t-elle pas, sans avoir besoin de l'éclat de la puissance ? Eh quel délicieux... (*se reprenant*) quel innocent plaisir n'éprouve-t-elle pas à se voir aimée pour elle-même ?

MARIE-THÉRÈSE.

Les bénédictions d'un peuple ne donnent-elles pas tout ce bonheur ?

CATHERINE.

Ah ! ne vous est-il donc pas arrivé de deviner sous les bénédictions du peuple, et sous les flatteries des grands, l'envie qui les ronge, et les discordes qui les divisent ? C'est la Reine qu'ils encensent, c'est la puissance qu'ils adorent !... Mais le cœur d'un jeune homme bon et naïf, qui ne sait pas encore ce que c'est que la puissance, ou à qui l'on parvient à la cacher ?... Qui, au lieu des dignités et des honneurs qu'on demande à la reine, ne désire et n'espère qu'un sourire de la femme ?... Oh ! c'est le triomphe de la beauté, plus doux, plus délicieux mille fois que tous les triomphes de la puissance !

MARIE-THÉRÈSE , *étonnée et scandalisée.*

Comment de semblables idées viennent-elles à l'esprit, et qui peut les faire naître.

CATHERINE.

Un hasard imprévu !... une rencontre !.... Parfois ces sentiments exaltés dans une ame jeune et ardente, cherchent à s'exprimer, ou s'échappent malgré nous !... Une imprudence... une ruse...., nous apprennent alors ce que nous n'aurions pas voulu savoir.

(*Pendant les dernières phrases de Catherine, Marie-Thérèse jette les yeux à la dérobée sur Wladimir : il est toujours assis ; ses regards sont attachés sur elle avec passion : il a tout écouté , et quelques gestes ont indiqué qu'il prend part à ce qui se dit.*)

MARIE-THÉRÈSE , *à Catherine,*

Que dites-vous ?

CATHERINE , *confidentiellement.*

Oui !... il est impossible que vous n'ayez jamais vu de ces jeunes fous, emportés par leur amour, venir imprudemment risquer jusqu'à leur vie...

MARIE-THÉRÈSE , *à part, jetant un regard du côté de Wladimir.*

Ce jeune homme...

CATHERINE , *continuant.*

Ou inventer quelque détour adroit pour vous voir, vous parler !

MARIE-THÉRÈSE , *à part.*

Ce récit...

CATHERINE.

Et quelquefois , dans une fable improvisée à
dessein , vous instruire de ce fol amour , sans
que vous puissiez vous offenser et vous plaindre !... Est-ce que vous n'avez jamais vu cela ?

(*Marie-Thérèse est troublée; ses yeux se sont
tournés encore vers Wladimir qui se soulève
de son siége et lui adresse un geste passionné;
effrayée par ce geste , la reine s'écrie invo-
lontairement :*)

MARIE-THÉRÈSE.

O Ciel !...

CATHERINE , *étonnée.*

Qu'avez-vous ? (*Elle se retourne pour regarder , mais Wladimir a eu le temps de se pencher
sur son papier comme s'il écrivait avec la plus
grande attention; Catherine ne peut pas voir
son visage.*)

MARIE-THÉRÈSE , *à part, pendant le mouvement
de Catherine.*

Ah! je n'en puis douter !

CATHERINE , *remarquant son trouble.*

Vous avez quelque chose ?

MARIE-THÉRÈSE , *se levant.*

Rien... rien que je sache !... Mais de quoi
parlions-nous ?

CATHERINE , *étonnée et se levant aussi.*

Nous parlions de ces folles passions qu'on
peut inspirer sans le vouloir , et qui causent en
même temps de la frayeur et de la joie ; mais une
distraction singulière attirait ailleurs votre
pensée.

AMÉLIE , *à part.*

Est-ce qu'une surprise imprévue ?...

CATHERINE.

Mais il y a du tumulte en dehors , et sans
doute c'est ce bruit ?...

MARIE-THÉRÈSE.

Oui !... Je ne m'attendais pas à ce que j'ai
entendu... Amélie, voyez !... Que se passe-t-
il ?... Qu'on nous en instruise !... (*Amélie
va dans le fond.*) J'espère que ce n'est rien, et que
notre tranquillité ne sera pas troublée. (*Amélie
qui est sortie , rentre avec toute la foule qui
était à la deuxième scène.*)

SCÈNE VII.

WLADIMIR , LE PRINCE DE LIGNE , MA-
RIE-THÉRÈSE, CATHERINE , LE COMTE
DE STAREMBERG , AMÉLIE , L'AMBAS-
SADEUR DE PRUSSE , L'AMBASSADEUR
DE FRANCE , COURTISANS , OFFICIERS,
PAGES.

LE COMTE.

Le criminel s'est échappé.

MARIE-THÉRÈSE.

Ah !...

LE PRINCE , *riant.*

C'est singulier, comte !... Vous aviez pourtant
mis vingt hommes pour en garder un.

LE COMTE.

Aussi n'est-il pas sorti par la porte... ce qui
est encore plus singulier.

CATHERINE.

Quel prisonnier cause cette alarme ?

LE PRINCE.

Un homme qui s'est précipité, ce matin , sur
le carrosse de Sa Majesté.

CATHERINE, *bas, en souriant, à Marie-Thérèse.*

Si c'était un de ces jeunes gens dont je parlais ?

MARIE-THÉRÈSE.

Quelle folie !

LE COMTE.

Il avait certainement quelque mauvais dessein.

CATHERINE.

Est-il jeune ?... Est-il beau ?

LE COMTE.

Affreux !

AMÉLIE.

Charmant !

L'AMBASSADEUR DE FRANCE.

Mademoiselle de Rosny prend toujours les
malheureux sous sa protection.

(*Pendant ce temps, Wladimir s'est levé ; mais il
se place de façon à ne pas mettre sa figure en
évidence.*)

AMÉLIE , *à Catherine.*

Un très-beau jeune homme ne peut pas être
coupable !... Une tournure élégante... à peu
près la taille... (*Elle regarde autour d'elle et
aperçoit Wladimir qui lui tourne le dos en cher-
chant à s'éloigner*) de monsieur le secrétaire.

MARIE-THÉRÈSE , *à part, pendant que tous les
yeux se portent sur Wladimir.*

Je ne sais pourquoi tout cela m'embarrasse.

LE COMTE.

Mais... n'avait-il pas aussi un costume... à
peu près semblable ?

L'AMBASSADEUR DE FRANCE. *Il est allé près de
Wladimir et l'examine.*

Dieu me damne si ce n'est là votre prisonnier !

LE COMTE , *le prenant par le bras.*

C'est lui-même !

LE PRINCE.

Ah !...

CATHERINE , *à part.*

Wladimir !

AMÉLIE , *étonnée.*

Se peut-il ?

LE COMTE.

Quand je vous dis qu'il y a là-dessous quelque chose de surnaturel.

CATHERINE [*], *à part, regardant Marie-Thérèse.*

Il était seul avec elle quand je suis arrivée.

MARIE-THÉRÈSE, *à part.*

Comme Catherine me regarde !

LE COMTE.

Je m'y perds !... Votre Majesté seule peut

[*] Le prince , l'ambassadeur de France, Wladimir , Marie-
Thérèse , Catherine , le comte de Staremberg . Amélie , l'ambassadeur de Prusse.

Savoir comment ce jeune homme s'est introduit ici.

CATHERINE, *à part.*

Comme elle est troublée !

MARIE-THÉRÈSE.

Moi ?

AMÉLIE, *à part.*

C'est le poëte !... Il est encore mieux de près que de loin !

CATHERINE, *à part.*

Il y a mystère et surprise... Je devine !... La tirer d'abord d'embarras est un coup de maître qui sert tous mes projets. (*Haut.*) Mais, en vérité, Messieurs, vous êtes tous dans une étrange erreur !... Monsieur, un prisonnier ! Après m'être amusée de la méprise de chacun, je dois détromper tout le monde. (*Elle prend Wladimir par la main et le conduit à Marie-Thérèse.*) Votre Majesté voudra-t-elle m'accorder la première faveur que je lui demande ? C'est d'accueillir à sa cour et de protéger, à ma recommandation, le jeune baron Wladimir de Tieffenbach, noble Hongrois, dont le père fut tué en défendant les droits de Marie-Thérèse.

MARIE-THÉRÈSE, *troublée, interdite.*

Comment ?.. Sans doute !... Un désir de Catherine !.. Le nom de votre père... il n'est pas oublié... et l'armée doit attendre le fils.

WLADIMIR, *d'un ton respectueux et timide, mais très-gracieux.*

Étranger au monde, aux plaisirs et aux affaires, une existence solitaire et rêveuse convient seule à mon cœur !... Si la guerre menaçait encore notre reine, je demanderais à la servir en soldat ; ma vie lui appartient !.. mais un grade, un rang, un esclavage ?... Je refuse !... je veux être libre et pouvoir aller cacher mes pensées, mes joies ou mes douleurs dans la retraite, si je ne puis les cacher ici. (*Il a un peu baissé la voix pendant la dernière phrase. Amélie cherche à distraire Catherine.*)

MARIE-THÉRÈSE, *avec trouble.*

Étonnée... inquiète... je ne puis en ce moment exprimer que ma surprise.

LE PRINCE, *à part.*

C'est un piège de Catherine tendu contre Marie-Thérèse !... Observons tout !

LE COMTE.

Décidément, je me trompais ; il ne ressemble pas au prisonnier.

CATHERINE.

Il y a peu de jours, je m'étais arrêtée dans une ville frontière ; j'en parcourais les environs ; j'admirais les sites et les châteaux pittoresques que présente votre royaume de Hongrie, et un édifice presque en ruines attirait surtout mon attention par son aspect bizarre, lorsqu'un orage imprévu, un de ces violents coups de tonnerre, qui vous surprennent parfois dans les montagnes, effraya mon cheval, qui s'emporta. Le comte Orloff et deux serviteurs étaient seuls avec moi ; ils suivirent mes pas ; et mon cheval, dont je n'étais plus maîtresse, ne s'arrêta qu'à la porte de ce vieux château, dont l'aspect m'avait frappée : c'était celui du baron Wladimir, qui m'y donna l'hospitalité jusqu'au lendemain.

WLADIMIR, *souriant.*

Honneur dont le château délabré n'était pas digne.

MARIE-THÉRÈSE.

Ce château est votre séjour habituel ?

WLADIMIR.

Je l'ai quitté depuis deux ans !... Depuis la mort de ma mère.

MARIE-THÉRÈSE.

Ah !

WLADIMIR, *à Marie-Thérèse.*

Un de mes oncles fut longtemps gouverneur de cette ville ; il habitait ce palais que Votre Majesté a choisi pour résidence ; j'y passai mon enfance.

MARIE-THÉRÈSE.

Ah !.. Mais lorsqu'on y vient pour la première fois, on peut s'étonner de ce qu'il présente d'étrange.

CATHERINE, *moqueuse.*

Et qui ne se trouvait peut-être pas dans votre royal château de Schœnbrunn ?

LE COMTE.

Allons ! Il n'y pas de danger.

LE PRINCE, *souriant.*

Vous pensez cela ?

LE COMTE, *réfléchissant.*

Un joli jeune homme, avec...

LE PRINCE, *souriant.*

Trois jolies jeunes femmes.

LE COMTE, *se ravisant.*

Au fait... s'il avait des projets ? (*Il observe Amélie.*)

CATHERINE.

Je vais demander encore une grâce à Votre Majesté : puisque le prisonnier s'est échappé, qu'on ne le poursuive pas, je vous en prie !

MARIE-THÉRÈSE.

Accordé !

CATHERINE, *jetant un regard sur Wladimir.*

Oui, qu'on le laisse suivre la route qu'il a eu l'adresse de prendre, et qui prouve....

LE PRINCE, *regardant Catherine, avec malice.*

Que l'habileté consiste souvent à profiter des fautes des autres.

(*Catherine et Marie-Thérèse font un mouvement ; le prince doit être entre Marie-Thérèse et le comte, et Wladimir entre Catherine et Marie-Thérèse.*)

CATHERINE, *souriant.*

Vous croyez, Prince ?

LE PRINCE, *avec malice.*

Je n'en ai jamais douté ; et, dans ce moment, j'en suis plus sûr que jamais.

CATHERINE.

C'est ce que nous pourrons voir.

LE PRINCE, *souriant avec malice.*

Peut-être !

CATHERINE, *riant.*

Un défi ?.. On dirait que vous avez envie de me déclarer la guerre ?

MARIE-THÉRÈSE, *souriant.*

Est-ce que le prince de Ligne a pour cela, comme Votre Majesté, soixante millions de sujets, et une armée de six cent mille hommes?

CATHERINE.

Non!.. Mais son esprit plein de finesse et de malice... et les idées vont plus vite que les soldats.

LE PRINCE.

Quand on le leur permet.

CATHERINE.

Et même sans permission!.... Au reste, prince, j'y consents, et je vous engage à accompagner Sa Majesté, qui a bien voulu me promettre de venir au palais que j'habite, dès que le conseil sera terminé.

LE PRINCE *s'inclinant.*

J'ai l'honneur d'accepter avec reconnaissance la déclaration de guerre, et l'invitation.

CATHERINE.

Baron Wladimir, je compte sur vous.

LE PRINCE, *à part.*

J'aurai les yeux sur lui.

CATHERINE.

Mais je vous avertis que je recevrai comme si j'étais dans mon palais de l'ermitage. Ne vous effrayez donc pas de ces plaisirs frivoles, et attendez-vous à voir disparaître complètement, pour quelques heures, la grave austérité qui règne ici.

LE COMTE, *à part.*

Je ne me mêlerai pas à ces folies.

CATHERINE.

La charmante Amélie accompagnera Votre Majesté.

LE COMTE.

Ah!

LE PRINCE, *bas au comte.*

Le bel hongrois aura de l'occupation.

CATHERINE.

M. le comte de Staremberg vient aussi.

LE COMTE, *avec empressement.*

J'aurai cet honneur.

LE PRINCE, *à part.*

Il m'aidera dans ma surveillance, j'en suis sûr.

MARIE-THÉRÈSE, *à part.*

Je ne sais pourquoi je suis inquiète et tremblante. (*Haut.*) Trois heures!... C'est le moment d'entrer au conseil; nous allons traverser la chapelle pour nous y rendre! prions le ciel de nous éclairer.

CATHERINE.

Je respecte aussi la religion que je sais gouverner dans mes États, comme j'y gouverne la politique.

MARIE-THÉRÈSE, *à part.*

Quelle hérésie!

CATHERINE.

Après la prière, le travail, puis l'amusement!..Il y a temps pour tout.

LE PRINCE.

Même pour tromper les plus habiles.

MARIE-THÉRÈSE, *au prince.*

Que voulez-vous dire?.. (*Il s'incline sans répondre.*)

CATHERINE, *bas à Wladimir.*

Bien!.. Très-bien, baron Wladimir!

WLADIMIR, *reculant avec surprise et effroi.*

Comment?..

CATHERINE., *gaiement.*

Allons donc!.. Que les plaisirs ne nuisent jamais aux affaires!... (*A part.*) Au contraire!

LE COMTE, *à part, regardant Wladimir.*

Il a pourtant quelque chose du prisonnier.

FIN DU PREMIER ACTE.

ACTE II.

Le théâtre représente une vaste salle basse d'un vieux château, mais ornée de nouvelles et riches tentures et de fleurs; portes au fond ouvrant sur des jardins, portes latérales.

(*Au lever du rideau, Catherine est assise d'un côté; Orloff est debout près d'elle appuyé sur le dossier de son fauteuil, dans une attitude familière, et lui parlant bas de temps en temps; Marie-Thérèse est assise de l'autre côté; Amélie est assise sur des coussins presque à ses pieds; Wladimir est debout à la gauche de Marie-Thérèse et un pas derrière; il attache souvent sur elle des regards tendres, mais respectueux; le prince de Ligne est debout au milieu du théâtre; le comte de Staremberg est entre lui et Marie-Thérèse. On entend une musique douce au fond; elle va en s'affaiblissant pendant la moitié de la première scène. Quand la toile se lève les diffé-rents personnages s'examinent. Au fond, derrière Catherine, des seigneurs et des dames russes, des costumes tartares, etc.*)

SCÈNE I.

ORLOFF, CATHERINE (*assise*), LE COMTE DE STAREMBERG, LE PRINCE DE LIGNE, L'AMBASSADEUR DE FRANCE, L'AMBASSADEUR DE PRUSSE, MARIE-THÉRÈSE (*assise*), AMÉLIE, WLADIMIR, SEIGNEURS ET DAMES RUSSES ET TARTARES.

CATHERINE, *à Orloff, d'un ton très-affectueux.*

Oui, c'est vrai, Comte, et je vous en remercie !... (*S'adressant à tous.*) Cette musique, ces fleurs, toute cette brillante élégance ont changé, comme par enchantement, l'aspect si triste de ce palais, afin que nous puissions y recevoir Marie-Thérèse au milieu des plaisirs... Essayons donc de nous distraire des affaires, et grâces soient rendues aux soins du comte Orloff !... Ils témoignent en même temps de son bon goût et de son désir de nous être agréable. (*Elle tend la main à Orloff, qui la baise.*)

ORLOFF, *d'un ton très-tendre.*

Quel bonheur si mon envie constante de vous plaire était toujours récompensée par le succès !... (*Il échange avec Catherine un regard très-expressif.*)

MARIE-THÉRÈSE, *à elle-même, les regardant.*

Comme ils ont l'air heureux !

AMÉLIE, *à demi-voix à Marie-Thérèse.*

Que Votre Majesté pardonne ces faiblesses qu'elle ne peut comprendre ! (*Pendant cette phrase et ce qui suit, Catherine cause bas avec Orloff, mais elle regarde de temps en temps du côté de Marie-Thérèse, comme pour deviner ce qu'elle n'est pas censée entendre.*)

WLADIMIR, *ayant l'air de s'adresser à Amélie, mais pour être entendu de la reine.*

Oui !... Pardon pour ceux qui aiment... et qui préfèrent un sourire, un mot, un regard, au trône de l'univers !

LE COMTE DE STAREMBERG, *à demi-voix, au prince de Ligne avec inquiétude.*

Avez-vous entendu ce que disait le baron Wladimir ?

LE PRINCE, *bas au comte.*

Il en veut à la jolie Française : c'est sûr !

LE COMTE.

Et il est sûr aussi qu'il ne réussira pas !... Un nouveau venu ! (*Ici la musique a cessé tout-à-fait.*)

LE PRINCE, *haut.*

Les cœurs ne se donnent pas comme les grâces de la cour : on n'a pas besoin d'années de services pour les obtenir !... Un seul jour décide du succès, et la plus sage est souvent la plus exposée.... elle est sans défiance.

CATHERINE, *souriant.*

Si je ne me trompe, le prince de Ligne fait ici de la morale ?... Je m'étonne qu'il n'ait trouvé que cela à nous rapporter de la cour de Louis XV.

LE PRINCE.

Pourquoi ?... Il doit y en avoir beaucoup, on en use si peu !

CATHERINE.

Et s'occupe-t-on de nous là-bas ?

LE PRINCE.

Louis XIV eût été jaloux de la gloire de l'impératrice de Russie : Louis XV est jaloux de ses plaisirs.

CATHERINE.

Recommençons donc nos jeux interrompus, afin qu'il en ait beaucoup à nous envier !... comte Orloff, ne laissez pas languir la musique ; elle doit accompagner un nouveau divertissement fort en vogue en France, un très-joli jeu !... Cela s'appelle *jouer à la madame*... ou *ôte-toi de là que je m'y mette !* (*Tout le monde rit.*)

ORLOFF, *jetant sur Wladimir un regard de défiance et de jalousie.*

Ce jeu ferait plaisir à plus d'une personne ici !.. Nous le connaissons déjà ; on le joue quelquefois en Russie.

LE PRINCE.

Pas aussi bien qu'en France... mais cela viendra !

CATHERINE.

Il est si simple, qu'avant peu il aura fait le tour de l'Europe. On le joue même sans y penser et sans le vouloir !.. Chacun est à sa place, et ceux qui n'en ont pas mettent tout en mouvement pour s'emparer de celle des autres... mais il faut que ce soit adroitement !

LE PRINCE.

Sans doute ! Le droit du plus fin remplace maintenant le droit du plus fort.

CATHERINE, *se levant*.

Ah ! nous vous forcerons bien à faire trève aux réflexions morales, Prince... Elles n'auront plus de place dans les jeux bruyants qui nous attendent au jardin !.. Oui, vous allez nous y suivre !.. Vous faites trop d'observations au milieu de nos jeux paisibles ; il faut que d'autres folies parviennent enfin à étourdir votre raison !.. Allons !

MARIE-THÉRÈSE, *souriant.*

Est-ce que la raison est comme l'ennui, un souverain que redoute l'impératrice Catherine, et qu'elle remplace par le plaisir dans tous les lieux qu'elle habite ?

CATHERINE.

Elle voudrait qu'il en fût ainsi !.. Venez donc !.. (*Tout le monde se dispose à sortir ; Wladimir est sur le côté, et chacun passe devant lui ; d'abord Marie-Thérèse, qui a l'air de vouloir lui parler, s'arrête, puis continue son chemin sans rien dire, et sort par le fond.*)

LE PRINCE, *qui l'observait et a l'air soulagé d'une inquiétude.*

Ah !..

WLADIMIR, *à part, avec joie.*

Quel doux regard !

AMÉLIE, *vite et bas en passant près de Wladimir.*

Il faut que je vous parle ! (*Elle sort par le fond à la suite de la reine.*)

LE COMTE, *à part, avec colère.*

Qu'a-t-elle dit ?... Un rendez-vous, peut-être ?

CATHERINE, *bas et vite en passant près de Wladimir.*

Restez ici !.. Je reviendrai !.. (*Wladimir n'a pas le temps de répondre ; sa figure exprime la surprise. Catherine sort par le fond ; les dames et seigneurs russes la suivent.*)

____

* Quand les reines se lèvent, le comte de Staremberg passe à la droite du spectateur. Le prince de Ligne entre les deux reines.

ORLOFF, *passant près de Wladimir et mettant la main à la garde de son épée.*

M. le baron de Tieffenbach est-il aussi brave qu'ambitieux?

WLADIMIR, *même geste.*

C'est ce que je suis prêt à prouver à M. le comte Orloff. (*Orloff sort par le fond.*)

LE COMTE DE STAREMBERG, *même jeu.*

Il y a des rendez-vous qu'on n'obtient qu'au péril de sa vie, M. le baron Wladimir!

WLADIMIR, *même jeu, mais souriant.*

Cela n'empêche pas de les accepter, M. le comte de Staremberg.

LE COMTE, *en sortant par le fond.*

(*A part.*) Décidément, il a beaucoup du pri—sonnier. (*Il ne reste plus en scène que Wladimir et le prince de Ligne; celui-ci s'arrête en passant près de lui et met la main sur la garde de son épée.*)

LE PRINCE.

Il y a des folies dangereuses.

WLADIMIR.

Il y a des gens qui s'exposent volontiers au danger.

LE PRINCE, *avec politesse.*

Ah! du cœur?.. C'est bien!.. Mais M. le ba—ron Wladimir voudra-t-il se rappeler qu'il est un nom que je ferai respecter, dût-il m'en coû—ter la vie?

WLADIMIR, *d'un ton respectueux.*

Risquer la mienne contre celle du prince de Ligne est un honneur que je serai fier de rece—voir, et empressé d'accepter... quoique j'eusse préféré qu'il me crût digne de son amitié.

LE PRINCE, *d'un ton gracieux et saluant.*

C'est ce que nous verrons! (*Il sort par le fond.*)

SCÈNE II.

WLADIMIR, *seul et très-étonné.*

Trois duels, à ce qu'il paraît!.. Je n'y com—prends rien!.. Mais est-ce que je puis com—prendre quelque chose à tout ce qui m'arrive?.. Mes yeux et ma raison ne me trompent-ils pas?.. Est-ce bien moi, pauvre jeune homme, comme cet Edgard Walton, à qui j'ai prêté mes senti—ments pour avoir le droit de les exprimer au moins une fois devant elle, est-ce bien moi qu'elle a entendu, qu'elle a compris, et que son regard si doux n'a pas repoussé!.. Moi, tout à coup protégé, invité par l'impératrice Catheri—ne? moi qui, sans le vouloir, trouble déjà tou—tes les ambitions?.. Mais qu'importe?.. Dans cette cour inquiète et menaçante, n'ai-je pas pour me guider le regard de celle que j'aime et les battements de mon cœur? (*Il aperçoit Ma—rie-Thérèse.*) Ah! le ciel aussi me protège, puisqu'il permet que je la revoie!.. Quel bon—heur de la contempler à son insu!... (*Il se place à l'écart, de façon que Marie-Thérèse,* qui arrive par le fond, pensive, ne peut pas le voir en entrant.)

SCÈNE III.

MARIE — THÉRÈSE, (*une rose blanche à la main.*) WLADIMIR (*à l'écart.*)

MARIE-THÉRÈSE, *à elle-même.*

Respirons seule ici quelques instants!.. Tout le monde s'est dispersé dans les jardins... Ces jeux, ces plaisirs bruyants, dont s'entoure Ca—therine, ont pour moi tout l'attrait d'une chose nouvelle, et cependant ils m'étonnent, et m'ef—fraient presque autant qu'ils m'attirent... et j'éprouve déjà le besoin d'un peu de calme et de solitude!.. (*Elle s'assied.*) Pourquoi donc craindre cette joie, cette liberté? Si la guerre m'a condamnée à une vie triste et rude, pour—quoi la paix ne me permettrait-elle pas des jours plus gais et plus doux?.. Catherine n'est-elle pas une grande reine? Ces arts qu'elle pro—tège ajoutent à sa gloire; les écrivains de la France lui dédient leurs ouvrages, lui adressent des vers?.. Pourquoi n'aurais-je pas aussi cette gloire des jours paisibles?.. J'aime les arts!... La musique, la poésie, éveillent des émotions délicieuses!.. (*Elle tire un papier de son sein.*) Ces vers qu'Amélie m'a remis ce matin, je les ai déjà relus plusieurs fois... Ils sont char—mants!... Oui.... le baron Wladimir est un poète!.. (*Elle sourit.*) Laure inspirait les vers de Pétrarque!.. La duchesse de Ferrare ceux du Tasse!.. Ceux-ci, plus doux encore... (*Elle se retourne, voit Wladimir, et, dans le mouve—ment causé par la surprise, elle laisse tomber le papier.*) Ah!..

WLADIMIR.

(*Il se baisse pour ramasser le papier, et, en le remettant à la reine, il reconnaît ses vers.*) Ciel!... Que vois-je? mes vers!... Pardon, je me retire...

MARIE-THÉRÈSE, *avec un peu de trouble.*

Les vers qu'inspirent à un poète des rêves imaginaires, sont lus souvent même par ceux qui ne peuvent les comprendre.

WLADIMIR.

Ah! vous le savez... Ce n'est pas l'imagi—nation... Le cœur seul...

MARIE-THÉRÈSE, *avec sévérité.*

Assez, Monsieur! j'en ai déjà trop entendu, peut-être?.. Et, maintenant, tout cela doit ces—ser!.. Si les grands intérêts qui dépendent en ce jour de l'impératrice Catherine, m'ont fait accorder beaucoup à ses désirs; si, tout-à—l'heure encore, elle vient de me dire que nos guerres désastreuses ont dévasté vos terres, ruiné votre famille, et si, demandant pour vous, comme une nouvelle faveur, la place de...

WLADIMIR, *l'interrompant vivement.*

A moi, des places? des faveurs.... Mon Dieu!.. Je n'ai donc pas été compris?.. Ah! que ce jour de bonheur... le seul peut-être qui me sera donné... ce jour de ravissante joie, où les regards de Votre Majesté sont tombés sur moi sans colère... où quelques paroles m'ont été adressées avec bonté... Ah ! que ce jour béni reste à vos yeux tel qu'il est... Un jour de folie, peut-être... mais point un jour de calcul et d'ambition !

MARIE-THÉRÈSE.

Oh ! je ne l'ai jamais pensé !

WLADIMIR.

La puissance ne ferait pas battre mon cœur une minute !.. Titres, rangs, richesses et couronne, le laisseraient calme et paisible... Mais il bondirait de joie, s'il obtenait un mot de pitié, un sourire, une fleur de celle qui... (*Il a jeté les yeux sur la rose qu'elle tient à la main.*) Et si elle savait que cela vaut mieux pour lui que tous les trésors de la terre !

MARIE-THÉRÈSE *à part, très-émue.*

Les autres femmes sont aimées ainsi, et il en est qui regrettent la puissance et la gloire ?

WLADIMIR, *à part.*

Quel trouble !

MARIE-THÉRÈSE, *très-agitée.*

Mon Dieu ! vous savez si je fus vaine de cette puissance, et si je n'ai pas cherché à faire bénir mon nom, plus qu'à le rendre glorieux !..

WLADIMIR.

Ce nom est adoré partout.

MARIE-THÉRÈSE.

Oh ! il le faudrait du moins !... Il faudrait que ce pouvoir qui impose des devoirs sévères, que ce trône qui vous enlève tant de jours heureux, fît au moins le bonheur des autres ! . . Mais qui peut en être sûr ? Y a-t-il quelque chose de vrai dans cet éclat qui nous environne, dans ces bénédictions qui semblent nous suivre ?

WLADIMIR.

Ah ! ce n'est pas à vous d'en douter !

MARIE-THÉRÈSE.

Cet amour de mon peuple. qui éclate parfois en cris joyeux sur mon passage, sait-on ce qu'il devient aux jours du malheur?.. Il y a un an, Frédéric avait ravagé la Silésie ; les récoltes manquèrent ; le peuple souffrit ; on ne me le disait pas... je le devinai !.. Et, pour connaître sa détresse, cachée sous de simples vêtements, accompagnée seulement de deux femmes, je sortis vers le soir, afin de parcourir les plus pauvres rues de Vienne !.. Hélas ! ce nom qu'ils adoraient dans les jours heureux, ils le maudissaient dans le malheur !.. Ils m'accusaient !.. Ils m'injuriaient !.. Et, tout-à-coup reconnue, leurs cris me menacèrent ! Ah ! ce ne fut pas le danger qui me fit pâlir et me glaça d'effroi !.. Ce fut leur haine !

WLADIMIR.

Tous n'étaient pas coupables.

MARIE-THÉRÈSE.

Un noble dévouement releva mon courage !.. Un jeune homme se jeta entre la foule et moi ; Sa voix imposante l'arrêta, avec cet accent qui vient de l'ame : arrêtez !.. Ils se calmèrent... Mais une pierre, lancée par un de ces furieux, avait atteint mon défenseur... On vint à moi... J'étais sauvée... Mais lui ?... il s'était perdu !

WLADIMIR.

Ah !..

MARIE-THÉRÈSE.

Et je ne pus même savoir son sort !..... On le chercha par mes ordres, et ce fut en vain !.... Peut-être ses meurtriers l'avaient-ils fait disparaître ?... Je n'avais pas même pu garder le souvenir de ses traits !.... Quand je l'aperçus, le sang de sa blessure inondait son visage... car c'était à la tête qu'il était blessé.. au front... là... (*Elle regarde Wladimir au front, comme pour indiquer la place ; elle aperçoit quelque chose et s'approche vivement de lui.*) Ciel .. Que vois-je ?... Une cicatrice ?... Ici ?..

WLADIMIR, *avec passion.*

Ah !.. qui n'en eût fait autant ?

MARIE-THÉRÈSE, *avec une émotion passionnée.*

C'était lui !.. Ah ! j'aurais dû le deviner !.. C'était lui !.. Il m'a sauvée... et il ne le disait pas !.. Mais quelle place, quelle faveur, pourraient m'acquitter envers lui ?

WLADIMIR.

Non ! non !.. Jamais !.. Je ne veux rien de la souveraine... mais je souhaite... oh ! oui, je l'ai dit !.. je souhaite avec passion un mot... un sourire de la femme !

MARIE-THÉRÈSE, *essayant de cacher son trouble sous un sourire.*

Je n'ai jamais vu de courtisans se contenter d'aussi peu !

WLADIMIR.

De telles chances ont été jetées aujourd'hui dans ma vie si paisible jusqu'alors... Tant de périls m'environnent... qu'il me faudrait un gage de cette bonté.

MARIE-THÉRÈSE.

Parlez, Wladimir !.. Parlez vite... On vient !.. Que ne devez-vous pas espérer ? . . Puissance, richesse !

WLADIMIR, *l'interrompant.*

Cette fleur !.. (*Elle lui donne la rose qu'elle tenait à la main, il la cache dans son sein.*)

<hr>

SCÈNE IV.

LES MÊMES, LE PRINCE DE LIGNE.

LE PRINCE, *vivement dans le fond.*

Ah !.. j'avais deviné !

MARIE-THÉRÈSE, *reculant.*

Le prince de Ligne !..

LE PRINCE, *parlant avec vivacité.*

Baron Wladimir... éloignez-vous à l'instant ! (*Il lui indique une des portes latérales ; Wladimir hésite.*) Oh! allez ! au nom du ciel !.. Si vous croyez à mon honneur, comme je crois au vôtre !

WLADIMIR.

Mais... qu'y a-t-il?...

____

* Marie Thérèse, le prince Wladimir.

LE PRINCE, *l'entraînant.*

Pas un mot, de grâce !.. Et sortez !.. (*Il le pousse dehors, puis vient près de Marie-Thérèse.*) Et vous, Reine, pardon !.. pardon mille fois !.. Mais daignez m'écouter... et venir !.. On vous attend... on vous réclame !.. Mon dévouement répond de mes paroles !.. Il faut entrer ici, sans hésiter ! (*Il la dirige de l'autre côté, par une issue qui, au lieu de porte, a une riche portière en damas.*)

MARIE-THÉRÈSE, *le suivant avec trouble.*

Expliquez-vous, Prince !

LE PRINCE, *l'entraînant toujours.*

Plus tard, Madame !.. plus tard !.. (*Il la fait entrer.*) Là !.. bien !.. (*Il entre après elle, et tenant la portière un peu soulevée, il aperçoit Catherine qui arrive au fond, et dit à part:*) Catherine !.. il était temps !.. (*Il laisse retomber la portière.*)

SCÈNE V.

ORLOFF, CATHERINE.

CATHERINE. *arrivant doucement au fond.*

Ils sont ici !.. (*Elle regarde.*) Personne !.. Où sont-ils donc ?.. Elle était là ?.. j'en suis sûre !.. Et aussi Wladimir !..

ORLOFF, *arrivant au fond et entendant ce nom.*

(*A part, au fond.*) Ah!.. elle le cherchait!.. (*Il s'approche.*)

CATHERINE, *impatiente.*

Que venez-vous faire ici ?

ORLOFF, *avec dépit et colère.*

Ce n'est pas moi que vous désiriez y trouver.

CATHERINE.

Comte, laissez-moi ! (*Ici, le prince de Ligne soulève la portière, on le voit, ainsi que Marie-Thérèse, qui écoute.*)

ORLOFF.

Non !.. je m'attache à vos pas !.. et j'ai fait surveiller celui que vous attendez !.. S'il cherche à vous parler, à vous écrire, je surprendrai tout !

CATHERINE, *avec colère.*

Encore des soupçons et des outrages ?..

ORLOFF.

Déjà, avant le départ, j'ai craint le jeune Potemkin... Ici, ce Wladimir!.. Il faut donc trembler et veiller sans cesse ?..

CATHERINE, *l'interrompant.*

Ah ! c'en est trop !.. Ces chaînes de l'amour, d'abord si douces et si légères, finissent-elles donc toujours ainsi par être insupportables?

MARIE-THÉRÈSE, *bas au prince.*

O ciel !.. est-ce là leur bonheur ; il m'épouvante !

ORLOFF.

Ah !.. depuis quelque temps, Catherine, votre cœur est bien changé !

CATHERINE, *avec impatience.*

Votre orgueil et votre jalousie...

ORLOFF.

Dites, mon amour inquiet !.. Car, moi, je vous aime !

CATHERINE, *vivement.*

Et moi aussi, comte, je vous aime ; je vous ai aimé plus que la gloire d'impératrice ! plus que ma réputation... cette gloire de la fortune (*Ici, l'ambassadeur de France et l'ambassadeur de Prusse, amenés par le comte de Staremberg, paraissent au fond, et s'y arrêtent.*)

LE COMTE, *à demi-voix aux deux ambassadeurs.*

L'impératrice de Russie m'a dit de vous amener sans bruit !

CATHERINE, *continuant vivement.*

Mais l'amour s'use par les soupçons, par les chagrins, peut-être aussi par son bonheur.

ORLOFF.

Grâce à votre inconstance.

CATHERINE, *très-vivement.*

A ce charme enivrant des premiers jours, à ces plaisirs éternels qu'on a rêvés, succèdent bientôt des reproches et des mots outrageants !.. Vous n'êtes plus protégée par cette majesté de la reine, ou cette vertu de la femme, sacrifiées à votre amour!.. On vous offense... l'orgueil s'irrite... le cœur s'aigrit... On se trouve mutuellement ingrat... Et, trop heureux enfin si, après ces luttes cruelles, on peut se quitter sans haine et sans mépris ! (*Le prince laisse retomber la portière; on ne voit plus ni lui, ni la reine.*)

L'AMBASSADEUR DE PRUSSE, *au fond, à demi-voix, au comte de Staremberg.*

Quoi ! d'odieux reproches ?.

L'AMBASSADEUR DE FRANCE.

Quel scandale !..

LE COMTE.

Mais, regardez ceci !.. (*La portière de la pièce où est Marie-Thérèse avec le prince, est tirée; on voit la reine entourée de pauvres, auxquels elle distribue des secours. Ils s'inclinent devant elle et s'écrient :*)

VOIX NOMBREUSES.

Vive Marie-Thérèse !

CATHERINE.

Quel bruit ?.. (*Elle s'est retournée, et d'un coup d'œil voit tout ce qui se passe : les pauvres s'éloignent; Marie-Thérèse, le prince de Ligne, le comte de Staremberg et les ambassadeurs viennent en scène.*)

SCÈNE VI.

LES MÊMES, MARIE-THÉRÈSE, LE PRINCE DE LIGNE.

CATHERINE, *vivement au comte de Staremberg.*

Vous étiez là ?

LE COMTE.

J'avais amené ces Messieurs par les ordres de Votre Majesté.

CATHERINE, *sur le devant, avec une colère con-centrée, pendant qu'on entoure Marie-Thé-rèse.)*

(*A elle-même.*) Et ils m'ont entendue?.. Et ils la voient... quand je croyais la faire surprendre ici avec Wladimir? quand elle y était. Je le sais... J'en suis sûre!.. Ah! c'est affreux!

LE PRINCE, *d'un air de bonhomie, au comte de Staremberg.*)

Comment donc étiez-vous là?

LE COMTE.

Une surprise nous attendait... (*Catherine fait un geste d'impatience.*)

LE PRINCE, *malicieusement.*

Est-ce que le hasard en aurait changé l'effet?

CATHERINE, *de mauvaise humeur.*

Je ne crois pas au hasard, Prince.

LE PRINCE.

Ni moi!.. Mais je crois aux ruses de guerre.

CATHERINE, *avec impatience.*

Ah!.. l'ennemi triomphe?

LE PRINCE, *d'un ton respectueux.*

Non!.. Il se défend.

CATHERINE, *à part.*

Je me vengerai!

L'AMBASSADEUR DE FRANCE.

(*A Marie-Thérèse.*) Ainsi, les bonnes actions peuvent se mêler aux amusements?

LE PRINCE.

Pourquoi pas? On y mêle bien les affaires!.. Jadis, votre reine Catherine de Médicis avait toujours quelque but secret pour ses fêtes... C'était parfois...

CATHERINE, *l'interrompant.*

D'amuser ceux qu'elle aimait.

LE PRINCE.

Ou de perdre ceux qu'elle n'aimait pas?

CATHERINE.

Assez!.. Que les jeux recommencent!.. La musique se fait entendre... Venez tous!.. Ou plutôt allez dans la salle du concert... Je demanderai à ma chère sœur Marie-Thérèse, de me laisser ici quelques moments... J'ai des ordres à donner...

LE PRINCE.

Pour quelque nouvelle surprise?

CATHERINE.

Peut-être?

LE PRINCE.

J'attendrai.

SCÈNE VII.

CATHERINE (*seule, avec agitation et colère.*)

Je suis impératrice, j'ai de vastes États et six cent mille soldats pour me défendre. Et il y a un bruit mensonger, qu'on appelle l'opinion contre lequel je ne puis rien!.. Qui ose m'accuser, moi, et vanter dans Marie-Thérèse je ne sais quelle vertu qu'on me refuse!.. Et, quand

je veux prouver qu'on se trompe, la malice, l'adresse, le hasard, tout se réunit contre moi!.. Et ces étrangers, par respect pour cette prétendue vertu, applaudissent à toutes les idées, à toutes les volontés de Marie-Thérèse dans le conseil!.. Mais cette vertu, si elle existe, elle la doit à ses malheurs, à l'inquiétude, à la guerre, qui ne lui laissèrent aucun loisir,.. car, au milieu de nos jeux, nouveaux pour elle, tout la trouble; à mes paroles, elle s'émeut; aux regards de ce jeune homme, elle s'attendrit!.. Ah! les plus sages ont, dit-on, des instants où elles sont lasses de leur sagesse? (*Elle passe la main sur son front.*) Comme il y a des moments où l'on donnerait tous ses plaisirs pour le calme d'une vie sans reproche!.. (*Ici, Wladimir s'avance par une porte latérale, examinant tout autour de lui.*)

WLADIMIR, *à part, au fond.*

Que s'est-il passé? Je ne puis commander à mon inquiétude!..

CATHERINE, *réfléchissant.*

Mais ce calme... il a déjà cessé devant l'agitation de Wladimir! (*Elle sourit, puis elle l'aperçoit.*) C'est lui!.. Ah! il sera bien habile, s'il me cache quelque chose.

SCÈNE VIII.

CATHERINE, WLADIMIR.

CATHERINE.

Approchez, monsieur le Baron.

WLADIMIR.

Votre Majesté veut me parler?

CATHERINE, *s'asseyant, très-gracieuse et très-coquette.*

Oui!.. Et, d'abord, je suis contente de votre obéissance!.. C'est bien!

WLADIMIR, *étonné.*

Je ne comprends pas.

CATHERINE.

Lorsque votre hospitalité m'accueillit dans le château de Tieffenbach..

WLADIMIR.

Grand honneur, dont je suis fier! Pauvre château, dont je fus, je l'avoue, un peu honteux!

CATHERINE.

Le soir, quand je fus rentrée dans ma chambre, ne pouvant dormir, j'avais ouvert la fenêtre... Une ombre passa plusieurs fois sous le balcon... Vous le rappelez-vous?

WLADIMIR, *avec embarras.*

D'anciennes habitudes de promenades solitaires...

CATHERINE.

Je n'accuse pas... Je raconte!.. Vous disiez, en effet, des vers... Ils parlaient d'amour... Ils étaient adressés à un front couronné!

WLADIMIR.

Des rêves poétiques.

CATHERINE, *l'examinant.*

Pendant le souper, Orloff... le comte Grégoire Orloff... avait été l'objet de votre attention particulière... de regards.., presque jaloux...

WLADIMIR, *souriant.*

Ne peut-on, sans le vouloir, penser à la destinée de bonheur que doit donner...

CATHERINE.

L'amour d'une reine, n'est-ce pas?

WLADIMIR.

L'amour d'une femme.

CATHERINE.

Bien !.. Je vous proposai alors de me suivre, de venir ici... et d'essayer s'il ne serait pas possible de plaire à celle que vous aimez.

WLADIMIR.

Votre Majesté plaisantait.

CATHERINE, *souriant.*

Pourtant, vous étiez ici avant moi.

WLADIMIR.

Le hasard...

CATHERINE, *moqueuse.*

Le hasard sans doute aussi vous faisait jouer le rôle de secrétaire, pour vous trouver seul avec elle?

WLADIMIR.

Seul? Non !.. Les habitudes graves et sévères de la reine ne l'auraient pas permis.

CATHERINE, *souriant.*

Quand on s'entoure de tant de précautions, c'est qu'on a grand peur !.. Les prudes sont comme les poltrons ; et je suis persuadée que le baron Wladimir a déjà quelque raison de croire...

WLADIMIR.

Quoi donc ?

CATHERINE.

Qu'on peut écouter l'aveu de son amour.

WLADIMIR.

Votre Majesté plaisante encore.

CATHERINE.

Prenez garde ! .. j'en sais assez pour deviner ce qu'on voudrait me cacher !

WLADIMIR.

Comment ?

CATHERINE, *avec finesse.*

Quoique impératrice... et sachant me faire obéir en roi... je sais aussi tout comprendre en femme... indulgente pour les autres. Oui ! Marie-Thérèse gagnerait quelque chose dans mon esprit à ne plus afficher autant d'austérité! Je l'en aimerais mieux. Et celui qui aurait mérité son affection. . . deviendrait aussi mon ami.

WLADIMIR, *avec défiance.*

L'amitié de l'impératrice Catherine...

CATHERINE, *très-coquette.*

C'est la fortune, la grandeur, la puissance.

WLADIMIR.

Je ne demande rien de tout cela.

CATHERINE, *de même.*

Ni ambition, ni vanité?.. C'est admirable !.. Mais quand Catherine ne récompense pas en reine, elle peut traiter en amie !.. Nous disions donc que le cœur de Marie-Thérèse s'est troublé près de votre amour... qu'elle vous a permis de lui parler de cet amour... Ce qui veut dire qu'elle se permettra bientôt de vous le rendre !.. (*Mouvement de Wladimir.*) J'en suis sûre... Ne le niez pas !..

WLADIMIR, *indigné.*

Ah !.. L'austère vertu de la reine...

CATHERINE, *à part, avec colère.*

Encore?.. (*Haut, avec coquetterie.*) Le grand mal , vraiment, quand notre austère dévote s'humaniserait !.. Quand ce cœur, tout rempli, dit—on, de l'amour du ciel, se troublerait un peu à un amour de la terre !.. (*Elle rit.*) Cela m'amuserait beaucoup, et peut-être ne l'affligerait guère !.. Vous ne savez pas ce qui déjà est arrivé une fois, et qui va encore arriver ici ?.. Un jour, une impératrice de Russie avait une rivale, que son pouvoir ne pouvait atteindre... Elle donna l'ordre à son favori d'aller la trouver... Le favori était... le comme Orloff.., jeune, beau, fait pour plaire. . . La rivale était sage , mais sensible... Elle ignorait l'amour, mais rougissait à ce mot... Elle n'avait jamais trompé personne... Donc, elle était facile à tromper... Vous voyez bien qu'il ne pouvait manquer de réussir... et que, si je le veux, Orloff réussira de même près de...

WLADIMIR, *avec emportement.*

Ah !.. cela ne sera pas !.. Madame! je la défendrai contre vous, contre lui, au péril de ma vie !..

CATHERINE.

Remettez—vous, Monsieur, remettez-vous !.. C'est à présent que je plaisante , et vous avez trahi bien vite le secret que vous vouliez garder! Vous aimez Marie-Thérèse... mais, soyez tranquille , la vertu de la reine serait aussi en sûreté que votre vie, si Orloff, seul, devait la mettre en danger !. . Votre secret , je le savais !.. Ma bonté méritait votre confiance.. Je l'ai surprise, parce que vous ne me l'accordiez pas. . . Voilà tout !.. Il n'y a ici de danger pour personne... si ce n'est peut-être pour celle qu'un bon sentiment entraînerait à prendre intérêt à quelqu'un qui ne sait que l'offenser et l'affliger.

WLADIMIR.

Oh ! pardon !... Moi , vous offenser ?...

CATHERINE , *feignant l'émotion.*

Pour prix de ma bonté... car c'est moi qui, ce matin, ai détourné l'attention , et vous ai sauvé d'une situation dangereuse , en vous présentant à la reine; c'est moi qui vous ai rapproché d'elle, et l'ai priée de vous attacher à sa personne, afin que vous puissiez ne plus la quitter !... Voilà ce que j'ai fait pour vous, Wladimir, et votre ingratitude...

WLADIMIR , *touché de ce ton et de ce langage.*

Ah ! comment expier mes torts, et obtenir mon pardon ?...

CATHERINE.

Votre pardon sera le prix de votre confiance...

complète... entière !... Vous voyez qu'au lieu
d'infliger une punition j'accorde une faveur !...
(*Elle lui donne sa main à baiser ; en s'incli-*
nant, il laisse voir sous son uniforme qui s'en-
trouvre, la rose blanche que lui a donnée Ma-
rie-Thérèse.) Mais quelle est cette fleur (*Elle*
la saisit adroitement) si soigneusement gardée ?

WLADIMIR.

Ciel !...

CATHERINE , *souriant.*

Qu'elle soit le signe de mon pardon !... (*Elle*
place la rose à sa ceinture, se lève, et fait
quelques pas.)

WLADIMIR.

Cette fleur.... à vous.... oh ! ce n'est pas
possible !...

CATHERINE , *s'éloignant.*

Je vais la porter tout le reste du jour !... (*A*
part en sortant.)C'est autant de pris sur l'ennemi!

SCÈNE IX.

WLADIMIR , *seul.*

Ah ! Je vois tout !.... Catherine a deviné !...
Ce langage , ces doux regards , n'étaient que
pièges et mensonge !... Se servir de moi , de
ma folle passion, pour compromettre la reine,
pour la perdre peut-être ? Voilà ce qu'elle
veut !... Oh ! cela ne sera pas !... Fuyons
cette cour où ma présence est un danger pour
celle à qui je donnerais ma vie !.... mais aver-
tissons-la du moins !... Qu'elle sache tous ses
périls !... Et comment , quand mille regards
attachés sur elle et sur moi... ? Ecrivons !...
Qu'une fois encore elle lise dans mon cœur !...
qu'elle me plaigne... et qu'elle me pardonne !...
Oui , pas un moment à perdre !... (*Il sort*
dans une vive agitation ; le prince de Ligne,
qui est arrivé sur la dernière phrase, s'est ar-
rêté en voyant son trouble et l'examine.)

SCÈNE X.

LE PRINCE DE LIGNE , *seul.*

Eh bien !... il s'en va... comme un écer-
velé... sans me voir !... Je gage qu'il aura fait
quelqu'étourderie dont Catherine profitera !...
Ah ! laissez un instant les amoureux sans les
surveiller , et ils ne manquent jamais de faire
quelque sottise !... Car il est de bonne foi,
lui ?... C'est un fou... voilà tout !... Mais
quel parti les méchants ne savent-ils pas tirer
des insensés ?... ma raison pourra-t-elle se
placer entre eux ?... (*Il regarde dans les jar-*
dins au fond et voit s'avancer Catherine et Ma-
rie-Thérèse.) Ah !... les deux impératrices !...
Ensemble !... Quel sourire sur les lèvres de
Catherine !... A-t-elle donc quelques nouvelles
espérances ? mais je suis là , et je veille !...

SCÈNE XI.

CATHERINE , MARIE-THÉRÈSE , LE PRINCE.

Elles sont arrivées en scène , en causant,
pendant la fin du monologue du prince.

CATHERINE.

Oui, ma chère sœur, je vous le répète, c'est
mal !... Quoi, c'est dans les jardins que je vous
retrouve , solitaire et rêveuse, quand les danses
ont commencé ! Mais peut-être m'en voulez-
vous ?... Je n'étais pas là pour vous faire les
honneur des salons du bal !... J'ai eu tort !...
Pardonnez-moi !.. Il m'a fallu céder aux vœux
du baron Wladimir...

MARIE-THÉRÈSE , *jetant les yeux sur Catherine.*
(*A part.*)Quel regard !...

CATHERINE.

Et lui donner enfin cette audience particulière qu'il sollicitait avec tant d'instances.

LE PRINCE.

Et qui lui fut accordée avec tant de bonté ?

CATHERINE.

Cela est vrai.

LE PRINCE.

Votre majesté est si bonne !

CATHERINE.

Il m'intéresse, ce jeune homme !... et je viens
de le lui prouver !... N'ai-je pas daigné accepter de lui cette rose charmante ?... (*Elle tire*
la rose de sa ceinture.)

MARIE-THÉRÈSE , *à part, avec un mouvement*
de douleur.

Ah !...

CATHERINE.

Qu'avez-vous donc ?... Craignez-vous le par-
fum des fleurs ?

LE PRINCE.

'La reine ne peut le supporter.

CATHERINE.

C'est singulier !... Il m'avait semblé qu'il y
a peu d'instants, Sa Majesté tenait à la main une
rose toute semblable à celle-ci.

MARIE-THÉRÈSE , *très-troublée et avec dépit.*

Aussi, l'ai-je rejetée bien vite loin de moi.

LE PRINCE , *à part.*

Ah ! Je devine !...

CATHERINE , *à part.*

Je ne m'étais pas trompée... le cœur de la
dévote est pris !...

MARIE-THÉRÈSE, *à part, avec angoisse.*

Il serait d'accord pour m'abuser ?... Oh ! ce
n'est pas possible !

LE PRINCE , *à part.*

Elle souffre !...

SCÈNE XII.

LES MÊMES, LE COMTE DE STAREMBERG ,
AMÉLIE, L'AMBASSADEUR DE FRANCE,
L'AMBASSADEUR DE PRUSSE , ORLOFF,
COURTISANS , DAMES , etc. *

CATHERINE , *à la foule.*

Approchez, Messieurs, approchez !..... Il

* Orloff, Catherine, le prince, Marie-Thérèse , Amélie, le
comte de Staremberg , l'ambassadeur de Prusse, l'ambassadeur de
France.

n'est pas temps encore de se séparer... (*A Or-loff qui s'est approché d'elle.*) Ah ! c'est vous, comte Orloff ?... Bon Dieu, quel visage pour une joyeuse fête?... Serait-il arrivé de notre Empire quelque fâcheuse nouvelle ? ... Avez-vous quelque chose à me dire ?

ORLOFF.

En effet, Madame !...

CATHERINE.

Eh bien ! Sa Majesté permettra... (*Tout le monde se groupe autour de Marie—Thérèse qui recueille des témoignages de vénération de chacun; le prince de Ligne attache de loin les yeux sur Catherine et Orloff qui sont à l'écart de l'autre côté du théâtre.*)

CATHERINE, *à demi—voix à Orloff.*

Qu'y a—t—il?

ORLOFF, *à demi—voix avec colère.*

Avais—je tort d'être jaloux ? Nierez—vous encore que ce Wladimir....

CATHERINE, *à mi—voix, vivement.*

Wladimir?.. Qu'a—t—il fait?

ORLOFF, *id.*

Cette lettre surprise par mes espions...

CATHERINE, *vivement.*

Une lettre ?

ORLOFF, *id.*

Destinée par lui à l'Impératrice.

CATHERINE, *toujours à demi—voix.*

A l'Impératrice?

ORLOFF, *id.*

C'est vous !

CATHERINE, *à part.*

O fortune !.. C'est pour elle! (*A Orloff.*) Cette lettre... vous l'avez ?

ORLOFF, *à demi—voix, furieux.*

Je la lui rendrai, trempée dans son sang !

CATHERINE, *à demi—voix.*

Vous êtes un fou !.. Donnez—moi cette lettre !

ORLOFF, *id.*

Vous la donner?

CATHERINE, *le foudroyant d'un regard d'impératrice.*

Cette lettre !.. à l'instant !.. Je la veux !... M'entendez—vous, comte Orloff?..

ORLOFF, *dominé par ce regard.*

Ah!.. (*Il lui remet la lettre.*)

CATHERINE, *bas à Orloff.*

Pas un mot!.. (*A part.*) Je tiens cette fois mon austère dévote !

LE PRINCE, *à part, l'examinant.*

Je tremble !

CATHERINE, *souriant, et se rapprochant du monde.*

Ce qu'avait à me confier le comte Orloff est moins grave que je ne le supposais, et pourtant je veux vous consulter à ce sujet, Messieurs, ainsi que notre auguste amie l'impératrice Marie—Thérèse. Moi, pauvre barbare, sans finesse et sans malice, qui ne sais pas cacher les secrets de mon cœur, il se trouve que j'ai été la dupe d'une personne qui fait parade d'une indomptable vertu, d'une austérité inabordable!.. Et, je vous l'avouerai, je n'aime pas à être du-pe!.. Voyons, Messieurs, que fait-on chez vous en pareil cas?

L'AMBASSADEUR DE FRANCE.

Un Français que l'on trompe se sert de sa gaîté pour en rire.

L'AMBASSADEUR DE PRUSSE.

Un Prussien de sa raison pour se consoler.

LE PRINCE, *regardant Marie-Thérèse avec intention.*

Un Allemand de sa sagesse pour rester calme.

CATHERINE, *souriant.*

Et une sauvage comme moi de tous les moyens pour se venger !.. (*Elle montre la lettre.*) Voyez, je crois que je tiens la correspondance de l'ennemie.

TOUT LE MONDE, *tour à tour.*

Qu'est-ce donc? — Ah ! — Qu'y a-t-il ?..

CATHERINE.

Cette lettre a été écrite, du moins j'ai tout lieu de le penser, par le baron Wladimir !...

MARIE-THÉRÈSE, *à part.*

Ah !..

AMÉLIE, *bas à la Reine.*

Il faut ici se défier de quelqu'un.

MARIE-THÉRÈSE, *id.*

Il faut ici se méfier de tout le monde.

CATHERINE, *tenant toujours la lettre.*

Il n'y a ni armoiries... ni adresse... C'est une lettre d'amour destinée à une femme qui doit être parmi nous...

LE PRINCE, *à part.*

Il a osé écrire à la reine!.. Ah! je la sauverai!.. (*Haut.*) Votre Majesté se trompe!.. Ce papier m'appartient. (*Il tend la main pour le reprendre.*)

CATHERINE, *retenant le papier.*

A vous?

LE PRINCE.

C'est une de ces nombreuses lettres que j'écris chaque jour pour la France.

L'AMBASSADEUR DE FRANCE.

Lettres charmantes qu'on s'arrache à Paris.

LE PRINCE, *tendant toujours la main.*

Confiée par moi au baron Wladimir, j'attendais qu'il me la renvoyât pour la faire partir.

CATHERINE, *gardant la lettre, et moqueuse.*

Bien trouvé, Prince !.. Mais ce qui amuse la cour de France peut bien aussi amuser la nôtre!..

LE PRINCE.

Volontiers!... (*A part.*) J'inventerai !... (*Il veut prendre la lettre des mains de Catherine; mais elle la retient, s'assied, étale le papier sur ses genoux, et oblige ainsi le Prince à mettre un genou en terre devant elle.*)

CATHERINE, *riant.*

Là !.. Voyez, je pourrai suivre chaque mot!..

LE PRINCE, *à part.*

Je suis pris !.. Que diable a-t-il écrit?

CATHERINE.

Voyons!.. Commencez !

LE PRINCE.

Je ne vois pas très-bien!..

CATHERINE, *indiquant du doigt.*

Oh ! que si !.. Là !.. Est-ce que vous ne savez pas lire votre écriture ?

LE PRINCE, *lisant.*

« Il faut apprendre à la noble et divine rei-
» ne... (*Ici mouvement de tout le monde. Le
» Prince reprend :*) la noble et divine reine de
» ma vie et de mes pensées, combien est res—
» pectueux et dévoué cet amour..

MARIE-THÉRÈSE, *à part.*

Que dit-il ?

CATHERINE, *au Prince, très-moqueuse.*

Ah, vous êtes amoureux, vous ?

LE PRINCE.

Pourquoi pas? (*Il lit, forcé par Catherine qui
suit du doigt.* « Cet amour si pur que j'ai rêvé
» vingt ans pour l'exprimer un jour, et dont l'a-
» mour des anges peut seul donner l'idée...

CATHERINE, *riant et moqueuse.*

Je ne me serais jamais douté que vous fus-
siez sentimental à ce point !

LE PRINCE, *à part.*

Ni moi non plus !

CATHERINE.

Continuez donc !

LE PRINCE, *lisant.*

« Je ne croyais pas qu'il existât sous le ciel
» un bonheur comparable au ravissant bonheur
» d'aujourd'hui !

CATHERINE, *l'arrêtant.*

Un moment !

LE PRINCE, *à part.*

Ces bavards d'amoureux !... toujours les
mêmes !...

CATHERINE, *moqueuse et jetant un regard sur
Marie-Thérèse.*

Vous écrivez en France, dites-vous, à la
femme que vous adorez, et votre bonheur date
d'aujourd'hui?..

LE PRINCE.

Des souvenirs... des lettres...

CATHERINE, *elle se lève vivement ; la lettre reste
aux mains du prince.*

Ah ! n'essayez pas plus longtemps de m'abuser !.. je sais tout !.. Cette lettre est du baron
Wladimir... Elle est écrite à une femme qu'il
aime, et dont il est aimé...

MARIE-THÉRÈSE, *à part.*

Grand Dieu !..

CATHERINE.

Il faut que justice soit faite à celles qu'on
pourrait soupçonner à tort d'une faiblesse !.. la
suite de la lettre nous apprendra à qui elle était
adressée.

(*Wladimir est entré sur les dernières phrases,
il s'est glissé au milieu de la foule, est par-
venu jusqu'à côté du prince de Ligne, et s'empare vivement de la lettre, au moment où Catherine s'approchait pour la prendre.*)

WLADIMIR, *déchirant la lettre.*

La suite?... personne ne la saura !... Puis-

que cette lettre m'appartient, je l'anéantis !...
Nul n'a le droit d'apprendre le secret de mon
cœur!

CATHERINE, *avec colère.*

Ah !...

WLADIMIR.

Ce secret il mourra avec moi !.. Que celle que
j'aime reste à jamais calme, heureuse, et respectée !.. moi, je retourne au château de mes
pères cacher mes pensées, mes joies, ou mes
regrets... et prier le ciel d'écarter d'elle les
pièges de ses ennemis !.. (*Il s'incline devant
Marie-Thérèse et sort.*)

MARIE-THÉRÈSE, *à part.*

Ah !.. Il était sincère !..

CATHERINE, *colère.*

Quoi ! l'on ose devant nous s'emparer d'un
papier que nous voulions connaître !.. quoi,
l'on nous brave, on nous offense, ici, sur cette
terre inhospitalière où l'on m'a fait venir !...
dans ce château où je vous reçois avec confiance !.. Est-ce possible?.. mort de ma vie !.. On
saura ce que c'est que se jouer de Catherine !

LE PRINCE, *à part.*

Comme le tartare revient !

CATHERINE, *colère.*

Messieurs, tout ceci est faux !.. de toute faus-
seté !.. Et pourquoi donc userai-je d'adresse et
de ruse ! Ne suis-je plus impératrice de Russie ?
N'ai-je plus mes fidèles sujets, mes armées nombreuses, et ma volonté plus puissante que tout
le reste?

MARIE-THÉRÈSE, *s'avançant vivement et très-
fière.*

Ah, vous avez raison, Catherine !.. Si vous
avez à vous plaindre, mettez-vous à la tête de
vos soldats; nous saurons alors comment vous
répondre !.. Quand vous nous menaciez de conquérir la Turquie, notre armée vous attendait
sur les bords du Danube !.. Quand vous vouliez
vous emparer de la Pologne, nos soldats étaient
déjà sur la route de Varsovie !.. Mais nous défendre contre des paroles menteuses ou des plaisirs trompeurs, nous ne le savons pas !.. nous
ne le voulons pas savoir !.. Mon Dieu ! y a-t-il
donc des amitiés plus dangereuses que la haine?
et des victoires plus difficiles que celles des
champs de bataille?.. Catherine, je renonce
à vos jeux, à vos amusements !.. Tout ici m'inquiète et m'effraie !.. Et Dieu veuille que d'autres malheurs ne suivent pas ce jour de plaisir !
Marie-Thérèse avait recherché Catherine; l'impératrice dit adieu à Votre Majesté. Suivez-moi,
Messieurs. (*Elle sort ; le prince de Ligne, Amélie, les deux ambassadeurs, le comte de Staremberg, la suivent.*)

CATHERINE, *vivement à Orloff sur le devant.*

Devinez vous enfin?.. Eh bien, servez ma
vengeance!... Qu'avant une heure Wladimir
soit en mon pouvoir !.. Ton pardon est à ce prix.

FIN DU DEUXIÈME ACTE.

ACTE III.

Même décoration qu'au premier acte : la table qui était au fond est placée sur le devant, à gauche du spectateur.

SCÈNE I.

AMÉLIE, *seule.*

(*Elle est en scène, au lever du rideau, et regarde par la porte qui est à sa gauche.*)

La reine Marie-Thérèse est encore dans son oratoire... Sa prière est plus longue, ce matin, que de coutume !.. Comme la journée d'hier a été différente de ces jours qui l'avaient précédée, si calmes, si graves, passés en austères devoirs, ou en actions utiles !.. Au lieu de cela, grâce à l'impératrice Catherine, c'étaient des plaisirs, des intrigues, des rivalités, de la coquetterie, et des malices !.. Oh ! je me croyais encore en France!.. Voici la reine !..

SCÈNE II.

AMÉLIE, MARIE-THÉRÈSE.

MARIE-THÉRÈSE, *rêveuse, et sans voir Amélie qui s'écarte.*

Jusqu'à présent, je n'avais été que reine !.. Un jour, seulement, j'ai cru qu'il pouvait y avoir aussi pour moi des plaisirs et des sentiments de femme !.. Et ce jour a fait naitre des intrigues pour égarer ma raison, des trahisons pour montrer à tous ma faiblesse !.. Mon ame a été troublée. . . La nuit s'est passée sans sommeil... et, ce matin, un repos fatigant m'a fait manquer l'audience promise aux pauvres !.. Ils sont partis sans secours et sans consolations !.. Ah ! tout cela sera réparé !.. (*Elle regarde autour d'elle.*) Vous êtes-là, Amélie ? approchez!.. Oh ! j'ai aussi à m'occuper de vous. . . mais le travail d'abord !.. Voyez tout ce qui fut négligé, hier. . . (*Elle s'approche de la table; Amélie touche et prend les papiers qui sont dessus.*)

AMÉLIE.

Des places... des papiers... qui attendent la signature de Votre Majesté.

MARIE-THÉRÈSE.

Lisez !

AMÉLIE, *lisant un papier.*

Un jeune homme, dont le père fut tué à la bataille de Kollin, demande à entrer dans le régiment des gardes de Votre Majesté.

MARIE-THÉRÈSE.

Donnez !.. (*Elle prend le papier, et dit en allant à la table*) Le baron Wladimir perdit son père à cette même bataille... (*Elle regarde le papier et le signe, sans s'asseoir.*) J'accorde.

AMÉLIE, *qui a parcouru un autre papier.*

Les habitants du canton de Tieffenbach, ravagés par les derniers orages, supplient...

MARIE-THÉRÈSE, *l'interrompant.*

Donnez encore!.. (*Amélie porte le papier à la reine, puis revient sur le devant, en examinant d'autres qu'elle tient.*) C'est là que son pauvre château, ruiné aussi par la guerre!.. (*Elle écrit.*) Je double les secours : ces malheureux méritent tout mon intérêt. (*Elle se rapproche d'Amélie et prend les papiers qu'elle a dans la main.*) Et que contiennent ces autres papiers ?

AMÉLIE.

On demande des places, des titres, des faveurs.

MARIE-THÉRÈSE.

(*Elle parcourt des yeux les différents papiers, et les jette l'un après l'autre sur la table sans les signer.*)

(*A elle-même.*) Lui... il a refusé tout cela ! Il n'a rien voulu de ce que les autres désirent; noble, généreux, imprudent même, il compte sa vie pour rien !.. (*Elle reste absorbée dans sa rêverie.*)

AMÉLIE.

Votre Majesté a-t-elle d'autres ordres à me donner.

MARIE-THÉRÈSE, *sans l'entendre.*

Il a sacrifié à ma sûreté jusqu'au bonheur, tant désiré par lui, de rester près de moi !

AMÉLIE, *à part.*

Elle ne m'entend pas.

MARIE-THÉRÈSE, *de même.*

Il a encouru la haine de Catherine. (*Un huissier entr'ouvre une porte; Amélie va lui parler; ce mouvement tire la reine de sa rêverie.*) Ah ! oui ! j'oubliais... Tenez, Amélie, de l'or pour les pauvres venus ce matin !.. (*Elle parle avec un peu d'agitation.*) Ces papiers sont signés... J'accorde aux besoins, aux droits, au malheur... Je refuse à l'orgueil et à la vanité!.. Je veux aussi que la ville de Vissegrade conserve le souvenir de mon passage... J'y fonde un collège, où les enfants de tous ceux qui auront servi dans mes armées, seront élevés à mes frais !.. Annoncez aussi que mon départ devant avoir lieu ce soir, je recevrai dans la journée tous ceux qui auraient encore quelques demandes à m'adresser !.. (*L'huissier se retire.*)

AMÉLIE.

Quoi ! toutes les discussions se terminent aujourd'hui ?

MARIE-THÉRÈSE, *avec un peu d'amertume.*

Ah ! j'ai deviné Catherine !.. M'occuper de vains plaisirs, me distraire, m'étourdir pour en profiter... pour que je n'aie plus ni la volonté, ni le pouvoir de m'opposer à ses projets ! Voilà

quol était son but, Amélie!.. Le traité que nous
allons signer lui déplait!.. Elle voulait disposer
seule à son gré de la Pologne... imposer son
joug despotique à des peuples que nous proté-
geons... Mais il n'en sera pas ainsi!.. Je ne si-
gnerai que ce qui sera juste!.. Ma conscience,
voilà ma loi!.. Rien ne me forcera à m'en écarter!.. Mais, avant que Catherine vienne, je
veux terminer quelques affaires... Amélie, vous
allez, cette fois, faire l'office de secrétaire.

AMÉLIE, *allant s'asseoir à la table, et se dispo-*
sant à écrire.*

Votre Majesté n'en eut jamais de plus dévoué.

MARIE-THÉRÈSE, *dictant avec un peu d'em-*
barras.

Au baron Wladimir de Tieffenbach, nous,
Marie-Thérèse...

AMÉLIE, *écrivant.*

Oh! je sais!.. impératrice d'Autriche, reine
de Hongrie et de Bohême...

MARIE-THÉRÈSE, *sur le devant, à elle-même,*
pendant qu'Amélie écrit le protocole.

(Soupirant.) Oui... je le dois!.. (*Haut et dic-*
tant.) « En souvenir de son père, mort à notre
» service, et de son oncle, qui nous donna des
» preuves de dévouement dans le poste qui lui
» avait été confié par nous, nommons à ce poste
» de gouverneur du Château – fort, et de la
» ville de Vissegrade, le baron Wladimir de
» Tieffenbach, à la charge d'y résider constam-
» ment. »

AMÉLIE, *s'interrompant, pendant que la reine*
réfléchit.

Mais... c'est un exil, loin de la cour ?

MARIE-THÉRÈSE, *avec un léger soupir.*

Ajoutez encore : « Et cela comme une preuve
» de notre estime particulière pour un si loyal
» et fidèle sujet, et, afin que cette ville et ses
» environs, si dévastés par les malheurs de la
» guerre, deviennent florissants et heureux, et
» qu'on y bénisse, grâce à lui, le nom de Ma-
» rie-Thérèse. »

(*Elle va à la table, regarde ce qui est écrit, et*
signe en répétant son nom.)

MARIE-THÉRÈSE.

(*Parlant avec bonté.*) Bien, Amélie!.. Fer-
mez, scellez de nos armes royales, et que cet
écrit soit porté au château de Tieffenbach, où
doit être maintenant le baron, et voyez ensuite
si le comte de Staremberg est là, ainsi que le
prince de Ligne. (*Amélie va dans la pièce du*
fond.)

MARIE-THÉRÈSE, *seule un moment.*

Catherine, en arrivant, me trouvera calme
comme la raison, sévère comme la justice!...
Non, je ne céderai pas à son ambition, et elle
verra que toutes ses intrigues ont été per-
dues.

* Amélie, Marie-Thérèse.

SCÈNE III.

LE PRINCE DE LIGNE, AMÉLIE, MARIE-
THÉRÈSE, LE COMTE DE STAREM-
BERG.

AMÉLIE, *rentrant.*

Voici M. le prince de Ligne et M. le comte
de Staremberg.

MARIE-THÉRÈSE, *gaiement.*

Comte, c'est vous qui m'avez amené Amélie : vous la connaissez depuis longtemps; ainsi
tous les secrets de son cœur vous sont connus ?

LE PRINCE, *souriant.*

Autant qu'on peut se flatter de savoir tous les
secrets du cœur d'une femme.

LE COMTE.

Oh!.. je ne m'en flatte pas, moi !

MARIE-THÉRÈSE.

Je suis plus franche que vous : je connais le
secret d'Amélie, et, par suite de ce secret, je la
marie.

LE COMTE, *troublé.*

Votre Majesté marie mademoiselle de Rosny ?

MARIE-THÉRÈSE.

Aussitôt que vous m'aurez dit le nom de celui
qu'elle aime.

LE COMTE.

Moi ?

MARIE-THÉRÈSE, *souriant.*

Je vous ai envoyé en France pour conclure
un traité de paix; je vous demande à présent
un traité d'alliance : c'est encore dans vos at-
tributions.

LE COMTE.

Mais... je ne sais...

MARIE-THÉRÈSE, *plus sérieuse.*

Maintenant il n'y aura plus rien ici qui ressemble aux folies d'hier.

LE PRINCE, *à part, tristement.*

Ah!.. elle en veut au plaisir !

MARIE-THÉRÈSE.

Rien qui ressemble à des mystères : l'affection doit y être sanctifiée par le mariage.

LE PRINCE, *à part.*

Elle en veut à l'amour !

MARIE-THÉRÈSE, *regardant l'un après l'autre le*
comte et Amélie, et souriant.

Quelles figures de coupables!.. Aussi je vous
condamne tous deux.

LE COMTE, *souriant.*

A nous marier ?

AMÉLIE, *idem.*

Qu'avons nous donc fait?

MARIE-THÉRÈSE.

Vous vous aimez.

AMÉLIE.

C'est possible.

LE COMTE.

C'est sûr !

AMÉLIE.

Mais il semblait hésiter à demander ma
main.

MARIE-THÉRÈSE.

Pour nous laisser le plaisir de la lui donner.

LE COMTE, *après avoir baisé la main que lui tend Amélie.*

Il faut que j'avoue mes torts !.. j'ai été... oui, j'ai été jaloux !.. pardonnez !.. Mais un baron hongrois, jeune et beau, et que mademoiselle Amélie trouve charmant...

AMÉLIE.

Oh, je le défendais contre l'injustice.

LE COMTE.

Qui le défendra maintenant contre l'impératrice de Russie ?

MARIE-THÉRÈSE.

Hein ?..

LE COMTE.

Ce qui s'est passé me fait supposer qu'il est entre ses mains.

MARIE-THÉRÈSE.

Comment ?.. mais parlez donc !..

LE COMTE.

D'après ce que dit le prince de Ligne...

MARIE-THÉRÈSE.

Se pourrait-il qu'on eût usé de violence ou de ruse contre un de nos sujets ?.. ah, ce serait indigne !.. mais expliquez-vous donc, prince !.. Dites-moi la vérité sur ce qui regarde le baron Wladimir !.. je la veux, je l'exige tout entière !.. Quelles que soient vos préventions ou vos idées contre lui !..

LE PRINCE.

Oh, je lui rends justice !.. Wladimir est brave avec les hommes, aimable avec les femmes... c'est beaucoup pour sa sûreté et son bonheur... mais j'ai craint, je l'avoue, qu'il ne compromît celui des autres.

LE COMTE, *souriant.*

Le Prince a bien de la peine à dire qu'il avait fait comme moi !

MARIE-THÉRÈSE.

Quoi donc ?

LE COMTE.

Il avait provoqué le baron, et, devant se battre ce matin, il allait...

MARIE-THÉRÈSE.

Se battre ?.. et mes lois contre le duel ?

LE PRINCE.

Est-ce qu'on pense à la loi qui peut vous tuer dans quelques mois, quand on est décidé à se couper la gorge dans quelques minutes ?

MARIE-THÉRÈSE.

Ah !...

LE PRINCE.

Votre majesté exige la franchise ?... Eh bien, j'avais donc affaire avec le baron, et je me rendais chez lui... Mais j'étais incertain, et non irrité, et probablement notre entrevue aurait été tout amicale, si elle avait eu lieu !.. Les choses ne s'arrangèrent point comme je l'avais espéré !.. Lorsque je m'approchai de sa demeure, j'aperçus un homme, couvert d'un manteau, qui cherchait à éviter les regards ; il me précédait de cinquante pas, et, à peu près à la même distance derrière moi, il y en avait un autre qui se cachait aussi !.. Quelle fut ma

* Le prince, Marie-Thérèse, Amélie, le comte.

surprise ?.. devant moi, c'était le comte, Orloff .. derrière moi, le comte de Staremberg,

AMÉLIE.

Pour des raisons différentes, arrivant tous trois au même but.

MARIE-THÉRÈSE.

Trois duels... C'est affreux !

LE PRINCE.

Désolé de me voir devancé, je hâtai le pas... Quand Orloff, à peine entré, ressortit avec Wladimir qui l'attendait, à ce qu'il paraît !.. Je les suivis de loin, examinant leurs gestes, et prêt à me montrer au moment du combat, pour essayer de l'empêcher. Le Comte jetait de côté et d'autres des regards inquiets ; Wladimir me semblait parfaitement calme !.. Comme ils venaient de traverser les remparts, et qu'ils étaient près d'atteindre les ruines de l'ancienne forteresse qui les termine, quittant la route, ils tournèrent brusquement derrière un pan de muraille, et avant qu'ils eussent eu seulement le temps de se mettre en garde, un cri étouffé me glaça d'effroi.

MARIE-THÉRÈSE.

Ciel !..

LE PRINCE.

Je m'élançai vers cet endroit, dont je n'étais qu'à quelques pas... Ils avaient disparu !

MARIE-THÉRÈSE.

Tué peut-être ?

LE PRINCE.

Non pas, je l'espère !.. mais enlevé et conduit, je ne sais où, par...

MARIE-THÉRÈSE, *vivement.*

Par ordre de Catherine irritée !.. mais la haine de Catherine, c'est la mort ?

LE COMTE.

Ici ?.. chez vous ?.. Un de vos sujets ?.. Elle n'oserait pas !

MARIE-THÉRÈSE.

Elle ose tout !

AMÉLIE, *qui a été regarder par une fenêtre.*

L'impératrice Catherine, suivie des ambassadeurs et des membres du conseil, se dirige vers le palais, le comte Orloff est près d'elle.

MARIE-THÉRÈSE.

Ciel ! c'est l'heure de la dernière délibération !.. Ici ?.. En ce moment ?.. (*Sur un geste de la reine, le Comte et Amélie s'écartent un peu dans le fond*).

LE PRINCE, *sur le devant, à la reine, avec beaucoup de respect.*

La gloire des souverains n'appartient pas à eux seuls !

MARIE-THÉRÈSE, *très-agitée.*

Ah, si vous saviez ?.. Mais non, non !.. vous ne pouvez pas comprendre !

LE PRINCE, *très-respectueux.*

S'il ne fallait que ma vie pour épargner un regret à ma souveraine ?.. (*Marie-Thérèse lui tend la main.*) Tout cela fut préparé par Catherine...

MARIE-THÉRÈSE, *avec passion.*

Ne parlez pas de Catherine, Prince?.. Toute mon âme se révolte au nom de cette femme?.. Mais parlez-moi de gloire, de majesté royale... que sais-je?.. Cherchez des mots qui trompent mon cœur?.. Dites-moi... que je trahirais les intérêts qui me sont confiés ; que je me déshonorerais par ma faiblesse?.. Dites-moi que je ne dois rien sentir?.. Que je ne dois avoir ni un accent qui décèle une émotion, ni une larme qui atteste un regret?.. Ni pitié, ni tendresse?.. Rien enfin de ce que renferme le cœur d'une femme, puisque je suis reine?.. Dites-moi cela?.. Car voilà ce qui doit être?.. (*à elle-même.*) Et ce que je tremble d'oublier?..

LE PRINCE, *avec attendrissement.*

O ma noble maîtresse?

AMÉLIE, *du fond.*

Sa majesté l'impératrice de Russie.

SCÈNE IV.

LE PRINCE DE LIGNE, MARIE-THÉRÈSE, CATHERINE, ORLOFF.

(*A l'entrée de Catherine, le comte de Staremberg et Amélie se sont retirés sur un geste de Marie-Thérèse ; le prince de Ligne est resté.*)

CATHERINE, *s'avançant, après avoir jeté un regard sur la reine.*

J'ai voulu vous voir un moment avant la dernière délibération !.. (*A part.*) Elle est bien paisible !

MARIE-THÉRÈSE, *qui a eu le temps de se remettre et de composer son visage.*

Nous allons donc signer une paix durable ?

CATHERINE.

Rien ne vous occupe que cela ?

MARIE-THÉRÈSE.

Mon avis devant entraîner la décision de la France et de la Prusse, réglera par conséquent les intérêts de peuples nombreux : je ne dois penser qu'à cette responsabilité !

LE PRINCE.

Digne d'une grande reine.

CATHERINE, *bas à Orloff.*

Elle ne sait rien.

MARIE-THÉRÈSE.

Faisons donc entrer les ministres qui doivent signer avec nous.

CATHERINE.

Avant ces intérêts de souverains, que nous traiterons tout-à-l'heure, n'y a-t-il rien qui doive nous inquiéter comme femmes?.. (*Léger mouvement de Marie-Thérèse.*) Ainsi... moi... j'ai eu à me plaindre d'un de vos sujets... On m'a calomniée près de vous... Je vous ai vu irritée... et je vous vois défiante !.. Combien ne dois-je pas en vouloir à l'audacieux qui a élevé une barrière entre nous ?

MARIE-THÉRÈSE, *bas au prince.*

C'est elle qui ose en parler !

CATHERINE.

Aussi me suis-je cru en droit de le punir.

MARIE-THÉRÈSE, *se contraignant.*

Comment ?

CATHERINE.

Et je me vengerai !

MARIE-THÉRÈSE, *faisant un mouvement.*

Oh ! vous ne le ferez pas !

CATHERINE, *à part.*

Elle est émue !.. (*Haut et souriant.*) Marie-Thérèse déclarera-t-elle la guerre à la Russie, parce que Catherine aura osé punir... un étourdi ?

MARIE-THÉRÈSE, *se contraignant.*

Plus d'une fois la guerre fut la suite de ce qu'on avait violé le droit des gens envers des personnages obscurs et inconnus.

CATHERINE, *s'approchant d'elle ; le prince et Orloff s'écartent un peu.*

Le baron Wladimir n'est ni obscur, ni inconnu ! Il est de grande noblesse, jeune, beau, amoureux de Marie-Thérèse ; sa cour s'en doute : moi, j'en suis sûre ; l'Europe le saura... et s'amusera beaucoup de voir une aussi austère vertu, une aussi ridige dévotion, mettre une armée sur pied pour...

MARIE-THÉRÈSE, *d'un ton sévère, et l'interrompant vivement.*

Nous n'avons rien à faire, Catherine, qu'à nous occuper du traité.

CATHERINE, *à part.*

Est-ce l'orgueil ou la vertu qui l'emporte ? (*Elle fait signe à Orloff d'approcher, et lui parle bas.*)

MARIE-THÉRÈSE, *bas et très-vivement, au prince de Ligne.*

De l'or... des soldats... Tout pour sa liberté !

CATHERINE, *remettant son anneau à Orloff, après lui avoir parlé bas.*

Allez !..

LE PRINCE, *à part, en sortant.*

Il est sauvé !

ORLOFF, *à part, en sortant.*

Il est perdu ! . . (*Ils arrivent ensemble à la porte du fond, se saluent, et sortent d'un côté opposé.*)

SCÈNE V.

MARIE-THÉRÈSE, CATHERINE.

CATHERINE.

Puisque le conseil va commencer !

MARIE-THÉRÈSE, *après un petit moment de silence.*

Pourtant, Catherine, si, moi, j'avais fait arrêter un de vos sujets ?

CATHERINE.

Il m'avait offensée !.. Et, de par le ciel, si c'était un de mes esclaves, ou un de mes soldats qui eût offensé Marie-Thérèse, sa tête fut tombée à l'instant pour expier cette offense !.. Si c'était un grand de ma cour, je l'aurais, sans hésiter, envoyé en Sibérie! Mais, si... (*Nous sommes seules, je dirai la vérité.*) si je l'avais aimé, et que vous eussiez mis sa vie en danger ?.. Vous êtes une grande reine. Marie-Thérèse ! .. l'Europe, qui voit toutes vos actions, est redoutable sans doute. Eh bien ! ni vous, ni votre armée, ni l'Europe entière, ne m'auraient arrêtée... et je n'aurais pas craint de tout armer contre moi pour le sauver !..

MARIE-THÉRÈSE, *saisissant vivement sa main.*

Et vous auriez eu raison, Catherine !

CATHERINE, *étonnée.*

C'est vous qui le dites ?

MARIE-THÉRÈSE.

Si la vie du dernier de mes sujets était en danger, je la redemanderais ! .. Je la défendrais !..

CATHERINE.

Pourquoi donc ne demandez-vous pas celle de ce jeune homme ?.. Vous vous taisez ?.. Eh bien ! c'est moi qui dirai la vérité ! .. C'est que vous tremblez de paraître faible et sensible !.. Et que vous aimeriez-mieux le voir mort, que d'être soupçonnée !

MARIE-THÉRÈSE.

Mort ?.. Mais Catherine oublie-t-elle donc où elle est, et qui je suis ? Est-ce qu'elle peut disposer de la vie d'un de mes sujets ?.. Wladimir est né dans le royaume de Marie-Thérèse ! .. Aucune loi que la mienne ne peut l'atteindre... et personne, que moi, ne peut avoir ici le droit de le punir !

CATHERINE.

Oui !.. Mais si des ordres secrets et des serviteurs dévoués ne vous laissaient que le droit de le venger ?

MARIE-THÉRÈSE.

Ciel !..

CATHERINE, *à part.*

Elle a pâli !

MARIE-THÉRÈSE.

Ce n'est pas possible.

CATHERINE.

Il m'a offensée... Je le hais... Vous ne l'aimez pas... et je viens de confier ma vengeance... aux soins du comte Orloff.

MARIE-THÉRÈSE, *avec effroi.*

A lui? Il est perdu !..

CATHERINE.

Non pas !.. Sauvé, si vous le voulez, si vous consentez...

MARIE-THÉRÈSE.

A quoi ?

CATHERINE, *souriant.*

Oh! bien peu de chose, vraiment ! Avec quelques confidences...

MARIE-THÉRÈSE, *mouvement de répulsion.*

Ah !..

CATHERINE, *l'examinant, et d'un ton moqueur.*

Ou bien seulement quelques légères concessions !.. Je vous l'ai déjà dit. . . Pour ce traité que nous allons signer, la haute estime accordée à... votre vertu... a fait préférer votre avis

au mien... Ne serait-il pas juste... à présent... de me céder quelque chose ?.. de m'accorder ce que je désire ?.. Et de ne signer ce traité qu'après quelques changements. . . que je dicterais moi-même ?

MARIE-THÉRÈSE, *vivement.*

Ah !.. C'était donc là ce qu'elle voulait ?. . Il faut trahir les intérêts qui me furent confiés. . . ou le laisser en danger... lui... qui m'a sauvée ! Que faire !.. (*Avec une vive émotion, et à elle-même, en s'éloignant de Catherine.*) Quand il s'élançait au devant de la mort, il ne réfléchissait pas, lui !. . Et moi ? Oh ! c'est affreux de marchander ainsi sa vie !..

CATHERINE, *à part, l'examinant.*

Agitée ?.. Tremblante ?.. C'est le moment !.. (*Elle va dans le fond, faire signe qu'on peut entrer.*

MARIE-THÉRÈSE, *très-agitée, sur le devant.*

Oui, le devoir est de le sauver !.. O mon Dieu, si j'ai tort, grâce pour moi ! .. (*Se retournant vivement.*) Catherine, grâce pour... (*Elle n'achève pas, en voyant entrer les ambassadeurs, ministres et membres du conseil.*) Ciel !.. (*Elle reprend l'air calme et digne.*) Contraignons-nous.

SCÈNE VI.

CATHERINE, MARIE-THÉRÈSE, L'AMBASSADEUR DE FRANCE, L'AMBASSADEUR DE PRUSSE, MINISTRES, MEMBRES DU CONSEIL.

MARIE-THÉRÈSE.

Venez Messieurs !.. Tout doit se terminer ici, et à l'instant : dans deux heures nous partons. Prenons donc place.

CATHERINE.

Oui! il faut que justice soit faite pour tous.

L'AMBASSADEUR DE FRANCE.

D'accord sur tous les points ; il ne nous reste plus qu'à signer le traité.

CATHERINE *.

Non pas !. . (*Mouvement général.*)

L'AMBASSADEUR DE PRUSSE.

Réglé par la sagesse de l'impératrice Marie-Thérèse, il devait être accepté par Votre Majesté, si nous y consentions aussi, au nom des souverains que nous représentons... Eh bien ! nous voilà tous prêts à signer !.. Que peut-il être survenu ?

CATHERINE, *souriant.*

Peu de chose... Une chose secrète !. . (*Mouvement de Marie-Thérèse; étonnement des autres.*) Sa Majesté Marie-Thérèse pense, ainsi que moi, qu'il y aurait... un grand danger... à signer le traité tel qu'il est.

MARIE-THÉRÈSE, *troublée.*

Ah !.. Est-ce possible !

---

* Marie-Thérèse, Catherine, l'ambassadeur de Prusse, l'ambassadeur de France (tous assis).

CATHERINE.

Oui... un danger réel... c'est certain !.. Et elle m'a promis d'accorder quelque chose à mes désirs! (*Souriant.*) D'abord, son amitié, comme sa confiance.

MARIE-THÉRÈSE.

Accordé !

CATHERINE.

Ensuite, elle a compris qu'il faut absolument que le traité permette à mes troupes de passer le Danube, et elle y a consenti.

MARIE-THÉRÈSE.

Mais...

L'AMBASSADEUR DE FRANCE.

Ah !..

L'AMBASSADEUR DE PRUSSE.

Comment ? (*Mouvement général parmi toute l'assemblée.*)

CATHERINE.

C'est par pure philanthropie que la reine se résout à ce sacrifice. (*Mouvement de Marie-Thérèse.*) Il faut que cette belle contrée de la Morée prête sa chaleur vivifiante à mes sujets, glacés par les frimats du Nord.

L'AMBASSADEUR DE FRANCE.

La France...

L'AMBASSADEUR DE PRUSSE.

Le grand Frédéric...

} ENSEMBLE

CATHERINE, *les interrompant.*

Puis, je prétends que la Pologne ne dépende que de nous.

TOUS, *s'élevant.*

Que de la Russie ?..

LES AMBASSADEURS.

Et la reine y consent ?

MARIE-THÉRÈSE, *très-émue.*

Moi ?.. (*Les ambassadeurs parlent vivement entre eux.*)

CATHERINE, *à Marie-Thérèse, avec intention* *.

Je crains que la discussion ne se prolonge...

MARIE-THÉRÈSE, *bas à Catherine, avec effroi.*

Et vos agents sont prompts à vous servir... n'est-ce pas ?

CATHERINE.

Quelquefois ! (*Elle va du côté des ambassadeurs.*)

MARIE-THÉRÈSE, *à part.*

O mon Dieu!.. C'est un affreux supplice !.. (*En ce moment, la porte mystérieuse par où Wladimir est entré au premier acte, s'ouvre doucement, et Wladimir se montre à Marie-Thérèse; au mouvement qu'elle fait, il répond par un signe qui l'engage au silence; et par des gestes de gratitude, pour tout ce qu'il est supposé avoir entendu. Catherine et les autres tournant le dos, n'ont rien vu de ce jeu de scène. Wladimir disparaît, la porte se referme, et la figure de Marie-Thérèse change tout-à-coup.*)

MARIE-THÉRÈSE, *à part.*

Quelle joie !.. Sauvé!.. Le prince de Ligne a

réussi !.. (*Haut, se rapprochant des autres qui causaient ensemble; elle est très-gracieuse et très-calme.*)

Eh bien ! Messieurs, pourquoi tant d'hésitation ? Tout n'est-il pas convenu depuis hier ?

L'AMBASSADEUR DE FRANCE.

Sans doute !.. Et moi, je signe le traité tel qu'il est, au nom du roi mon maître.

L'AMBASSADEUR DE PRUSSE.

Moi, aussi !

UN AUTRE.

Moi, de même. (*Ils vont signer à la table.*)

CATHERINE.

Signez, Messieurs, signez !.. Mais l'impératrice et moi, nous refusons.

MARIE-THÉRÈSE, *souriant* *.

Pourquoi refuserions - nous notre consentement aujourd'hui à ce que nous avions décidé hier? (*Elle prend la plume qu'on lui présente.*)

CATHERINE, *reculant, stupéfaite.*

Et mes volontés ?...

MARIE-THÉRÈSE, *gaiement.*

Si le devoir me défend d'y céder, comment faire ?..

CATHERINE.

Quoi !.. mes projets sur la Turquie ?..

MARIE-THÉRÈSE. (*Id.*)

Oh! cela ne se peut !.. 'Et ce n'est pas ma faute !.. Mais il est une promesse que j'ai faite, que je renouvelle, que je tiendrai... (*Un peu moqueuse.*) Parce que celle-là ne dépend que de moi, et n'engage que moi seule. C'est celle de mon amitié pour Catherine !.. Elle sera le prix de la paix que nous allons tous signer.

CATHERINE, *stupéfaite.*

(*A elle-même.*) Quel changement !.. Plus de crainte ?.. Plus de trouble ?.. *Elle regarde autour d'elle.*) Qu'y a-t-il donc?

MARIE-THÉRÈSE, *gaiement.*

Oh ! c'est un grand bonheur de voir finir ces guerres qui désolaient notre pays!

CATHERINE, *l'interrogeant du regard.*

Vous n'avez donc aucune crainte !.. aucune inquiétude ?.. sur rien !..

MARIE-THÉRÈSE, *souriant.*

Ce serait vous faire injure.

CATHERINE, *à elle-même, avec impatience.*

Il y a quelque chose... que je ne puis comprendre... et que je veux éclaircir !.. (*Allant au fond.*) N'entendez-vous pas du bruit... des cris au dehors ?.. Y aurait-il quelque surprise... ou quelque trahison ?..

SCÈNE VII.

LES MÊMES, LE COMTE DE STAREMBERG, LE PRINCE DE LIGNE, WLADIMIR, AMÉLIE**.

CATHERINE.

Qu'y a-t-il donc !

---

* Marie-Thérèse et Catherine sur le devant.

* Catherine, Marie-Thérèse allant signer, le prince et Wladimir au fond.

** Catherine, le prince et Wladimir au fond, le comte, Marie-Thérèse, les ambassadeurs.

LE COMTE.

Il y a que ce château est ensorcelé, c'est sûr... Qui viens-je de trouver là, dans la pièce à côté de celle-ci, et qui est sans issue ! Monsieur !.. (Il indique Wladimir.)

CATHERINE.

Ah ! Monsieur ! Dans cette pièce ?.. (A part.) C'est cela !.. Elle a su qu'il était sauvé !..

LE COMTE.

Oui, Monsieur ! mon prisonnier d'hier !.. qui n'est autre que le baron Wladimir, comme je l'ai toujours soupçonné... et que j'amène à Sa Majesté pour qu'elle daigne l'interroger elle-même !.. (Il indique Marie-Thérèse, près de qui Wladimir va se placer*.) Car, enfin, tout cela n'est pas naturel !.. Arrêté hier, échappé aussitôt, enlevé cette nuit, délivré ce matin, et de retour dans cette chambre, dont j'avais la clé dans ma poche !.. Ma foi, si ce n'est pas le diable qui s'est mêlé de tout cela, il faut que ce soit quelqu'un d'aussi malin que lui !

CATHERINE, désignant le prince de Ligne, du regard**.

Vous ne vous trompez pas.

LE PRINCE, s'inclinant.

Votre Majesté me fait beaucoup d'honneur.

CATHERINE, avec un peu de colère continue.

Prince, il vaut mieux vous avoir pour ami, que pour ennemi.

LE PRINCE, très-respectueux.

Puisse Votre Majesté en être persuadée.

(Tout le monde est un peu à l'écart ; Marie-Thérèse est sur le devant, isolée ; il n'y a que Wladimir qui soit près d'elle ; Catherine est placée entre eux et la foule.)

CATHERINE, à Marie-Thérèse.

Orloff est un maladroit !.. Vous l'emportez !.. Vous seule, maintenant, disposerez de son sort.

MARIE-THÉRÈSE, haut à Wladimir***.

Il faut partir !.. quitter à jamais les États de Marie-Thérèse !

CATHERINE, étonnée.

Exilé ?..

TOUT LE MONDE, dans le fond.

Exilé !.. Il est exilé !..

MARIE-THÉRÈSE, à Catherine****.

Êtes-vous satisfaite ?

CATHERINE, à part, surprise, et à demi-voix à la reine.

Il vous adore.. Vous l'aimez.. et il part !..

MARIE-THÉRÈSE, à demi-voix.

C'est pour cela, Catherine !

CATHERINE, la regardant.

Pour cela ?.. (Après un moment de silence.) Ah ! vous m'avez vaincue !.. Moi aussi, je cède à tant de vertu !.. (Elle va à la table, prend la plume et se dispose à signer le traité : pendant ce temps, Wladimir s'est mis à genoux devant Marie-Thérèse.)

WLADIMIR*****.

Avant de m'éloigner, mon pardon !.. (Très-bas.) L'amour qui vous a offensé...

MARIE-THÉRÈSE, bas et tristement.

N'aura qu'un seul prix... l'exil !

WLADIMIR.

Oh ! pardonnez !..

MARIE-THÉRÈSE, elle a passé son mouchoir sur ses yeux.

Et qu'un seul gage... une larme !.. (Elle laisse tomber son mouchoir dans les mains de Wladimir qui s'en empare et le cache : Marie-Thérèse s'éloigne de lui et va vers Catherine, qui a employé le temps de ce jeu de scène à signer le traité.)

WLADIMIR, se relevant et très-haut.

Je pars !

CATHERINE.

J'admire !..

MARIE-THÉRÈSE.

Aimez-moi plutôt !

CATHERINE, lui prenant vivement la main.

Oui !.. (Haut.) Messieurs, la paix est signée... Mais qu'on le sache bien..... on le doit à mon amitié, à mon admiration pour l'impératrice Marie-Thérèse.

LE PRINCE DE LIGNE, souriant.

La paix est-elle générale ?

CATHERINE.

Je vous engage à venir la signer à ma cour.

LE PRINCE, après s'être incliné devant Catherine en signe de remerciement, il se tourne vers Marie-Thérèse.

Sa Majesté n'ayant point fixé le lieu de l'exil imposé à M. le baron Wladimir, me permettra-t-elle de solliciter une grâce pour lui ?

MARIE-THÉRÈSE.

Parlez, Prince.

LE PRINCE.

C'est qu'il soit chargé de porter à la cour de Versailles l'expédition du traité qui vient d'être conclu.

MARIE-THÉRÈSE.

J'y consens.

LE PRINCE.

Et je le prierai, moi, de remettre à madame lamarquise de Pompadour une lettre, par laquelle je le recommanderai à toute sa bienveillance.

MARIE-THÉRÈSE.

Ah !... (Elle soupire.)

LE PRINCE, à part.

On le guérira des grandes passions.

CATHERINE, bas à Marie-Thérèse.

Vous souffrez !..

MARIE-THÉRÈSE.

Nos peuples seront heureux !

CATHERINE.

Pour tous les royaumes de la terre, je n'aurais pas pu en faire autant, Marie-Thérèse.

MARIE-THÉRÈSE.

Ni moi non plus, Catherine ; mais pour celui du ciel !..

---

* Le comte passe à la droite du spectateur.
** Le prince et Wladimir (redescendus), Catherine, Marie-Thérèse, Amélie, le comte, les ambassadeurs.
*** Marie-Thérèse et Wladimir sur le devant.
**** Marie-Thérèse et Catherine sur le devant.
***** Wladimir et Marie-Thérèse sur le devant.

* Le Prince, Marie-Thérèse, Catherine, le comte, Amélie, les ambassadeurs.

FIN.

Imprimerie d'A. HENRY, rue Git-le-Cœur, 8.